数字出版实训教程丛书
张新华 总策划

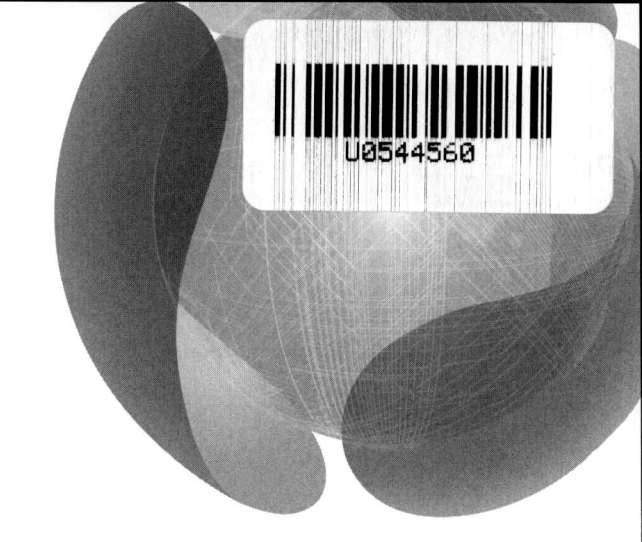

Practical Training Course on Digital Publishing Technology

数字编辑技术实训教程

郑铁男 主编

知识产权出版社
全国百佳图书出版单位

图书在版编目（CIP）数据

数字编辑技术实训教程 / 郑铁男主编. —北京:知识产权出版社，2017.7
ISBN 978-7-5130-4965-8

Ⅰ.①数… Ⅱ.①郑… Ⅲ.①数字技术－应用－编辑工作－教材 Ⅳ.①G232-39

中国版本图书馆CIP数据核字（2017）第141774号

内容提要

本书是了解当代数字编辑技术发展现状的一本全面而实用的实战型教科书。通过作者在互联网行业、新闻出版行业深耕二十几年的跨界摸索和实践，不断挖掘和探索传统新闻出版广电行业向新媒体的转型发展和诉求，总结出这本集理论知识和实操培训为一体的专业课程。本书希望能为转型中的新闻出版广电行业培养有互联网思维和实战能力的复合型人才提供翔实的理论和实践指导。

责任编辑：张　珑　彭喜英　　　　责任出版：刘译文

数字编辑技术实训教程
SHUZI BIANJI JISHU SHIXUN JIAOCHENG

郑铁男　主编

出版发行：知识产权出版社有限责任公司	网　址：http:// www.ipph.cn
电　话：010－82004826	http:// www.laichushu.com
社　址：北京市海淀区气象路50号院	邮　编：100081
责编电话：010－82000860转8574	责编邮箱：riantjade@sina.com
发行电话：010－82000860转8101	发行传真：010－82000893
印　刷：三河市国英印务有限公司	经　销：各大网上书店、新华书店及相关专业书店
开　本：720mm×1000mm　1/16	印　张：15
版　次：2017年7月第1版	印　次：2017年7月第1次印刷
字　数：215千字	定　价：39.00元
ISBN 978-7-5130-4965-8	

出版权专有　侵权必究

如有印装质量问题，本社负责调换。

数字出版实训教程丛书编委会

主　任　陈　丹
成　员　（按姓氏拼音排序）

蔡　超　　陈建军　　陈嫚莉　　陈少志　　程　天
董　宇　　范世喜　　冯明明　　何　斌　　柯积荣
李　超　　李　清　　李德升　　李业丽　　梁　杰
林　平　　刘　焱　　刘爱民　　刘华群　　刘颖丽
陆彩云　　聂静磊　　戚　雪　　祁明亮　　邱红艳
施勇勤　　孙建伟　　汪　洋　　王　飚　　王　豪
王　珅　　王庚梅　　王浩川　　王金林　　王京山
王颖中　　隗静秋　　吴　鹏　　吴永亮　　杨树林
于晓伦　　余敬春　　曾庆涛　　张新华　　张新新
张忠凯　　赵翠丽　　郑北星　　郑　磊　　朱国政
朱向梅

推荐序

魏玉山 | 中国新闻出版研究院院长

  铁男同志邀我为他即将出版的新著作序，我犹豫再三还是答应了。之所以犹豫，是因为我对数字出版技术知之甚少，作序容易露丑。之所以又答应，是因为数字出版产业发展非常迅猛，对数字编辑的数量要求之大、素质要求之高是超乎想象的，出版这样一部指导数字编辑学习的教程，对于培养高素质的数字编辑十分必要，写序以示支持、鼓励也是应该的。

  为了写好序言，我把本书的PDF版要了过来，想看完内容再下笔，结果是看完以后更难下笔了，因为书中的许多技术我看不懂的。让我谈谈数字出版产业政策、产业发展趋势等宏观问题，还可说出一二，如果谈对具体技术的看法，则一窍不通了。我想正是由于我看不懂，才体现了这部书稿的技术性、实践性、操作性。我相信这些我看不懂的技术并非故弄玄虚，因为铁男同志一直战斗在数字出版的前沿阵地，他是中国最早进入互联网企业的一批人之一，也是最早参与中国新闻网站建设的一批人之一，还是我国最早的电子书平台建设的一批人之一，他有关数字出版的知识、技术，不仅来自于书本，更是来自于源源不断、长期的实践。这部实训教程与一般的数字出版论著不同，他没有构建完整的数字出版理论体系，也没有介绍各种数字出版技术的源流，而是手把手地告诉你如何制作电子书、如何制作数据库、如何制作网页、如何使用最流行的软件等，所以他更像一本操作手册，读者可以一边看书一边按书的图文指示操作，书看完了，亲自动手制作电子书等技术也就学会了。

  近些年来，中国数字出版产业发展迅速，其表现：一是产业规模持续高速增长，从2006年开始进行数字出版产业统计以来，其年均增长速度长期在30%以上，不仅超过了出版产业的增长速度，也超过了许多新兴产业的增长速度；二是技术迭代非常快，新兴的数字产品层出不穷，新的服务模式不断涌现，既丰富着我们的阅读体验也刺激着传统出版的神经；三是各种类型的数字出版企业众多，不仅传统出版单位纷纷设立数字出版部门或公司，互联网巨头也无一例外地进入数字出版领域，其他各种数字出版企业更是不计其数。数字出版产业的快速发展需要数字出版人才的支撑，尤其需要大量的数字编辑。不仅数字出版企业需要数字编辑，各类互联网企业也离不开数字编辑，不管是生鲜电商，还是服装、电器类电商，还是各种服务类电商，以及各机构的网站，都离不开数字编辑，所以加快数字编辑培养已经不仅仅是满足新闻出版业的需要，而是成为发展中国数字内容产业、互联网产业的需要，是服务于中国"互联网+"经济发展的需要。

做一个合格的数字编辑，不仅技术上要有几把刷子，而且要有政治素养、文化素养、艺术素养等。这虽然不是本书所要解决的问题，但却是学习这本书的朋友们不能忽视的问题。

许丹丹| 前人民网（www.people.com）副总编辑、现拼多多高级副总裁

互联网、数字技术的出现，给社会带来了巨大的冲击。这种冲击和影响不但涉及人类社会信息传播模式的改变，还包括对人类信息传播、信息行为带来的深远影响。这种改变深刻地影响到未来新闻出版广电行业的人才培养和培养模式。我们到底需要什么样的"复合""跨界"人才，以及该培养具有何种素质和才能的人来推动这个行业的未来发展？这本书恰如其分为行业和相关院校提供了非常实用的知识和教程。

田玉成|中国网(www.china.com.cn)总工程师

和铁男共事已有十多年的时间，当时中国网就是由传统新闻出版集团向互联网传媒集团的成功转型，中国网由当初的十几名员工发展为400多人的集新闻采编与发布、网络直播、虚拟现实等为一体的互联网传播平台，国家五大重点新闻网站，成为中国最大的对外传播窗口。

铁男从英国进修归来后又去组建中国外文局（中国国际出版集团）信息

技术中心，负责集团ERP实施、新媒体平台建设，承担中国外文局由传统出版集团向新媒体传媒集团转型与实施的工作。他是一个名副其实的"跨界"人才。

贾向飞|58赶集(www.58.com)副总裁

　　时间真是过得飞快，我和铁男相识时他正在创办互联网搜索引擎——中搜网，转眼都快20年了。这些年，互联网行业高速发展，我们各自在这条高速路上，不知疲倦、满怀信心地寻找着发展的机会。每一个行业都有一些内在的痛，发现那些痛点，才有机会。我们做的事情口碑很重要，细节也很重要，不接地气就很难发现问题，尤其是创始人，很高兴他找到了这个行业的痛点。

自 序

　　写这本书的想法已经在脑海里盘旋了很久,可是迟迟没有动手落实。2016年是出版行业转型需求更加紧迫的一年,跟同行交流时也经常感受到目前符合企业转型需求的人才实在太少,或者说新闻出版机构因为常常找不到既了解互联网知识又有出版专业背景的人员而无法真正开展工作。同时,这两年应邀在多所大学担任数字出版课程的授课过程中,发现各院校也在积极调整教学思路,希望为在校学生提供更符合未来企业发展和社会需求的专业教育。然而,既从事过互联网又精通新闻出版广电的老师非常之少,又苦于没有一本全面的有关数字出版教育方面的教学参考书。记得2015年在北京印刷学院授课期间,下课后总有学生索要我授课的PPT文件,当时学校采购了我们公司开发的数字出版软件平台,用于理论结合实操让学生快速上手,据学校和学生们反馈非常有实效。

　　行业在变化,模式在改变,对相应工作岗位的需求也在变化。只有人才匹配才能更有效地推动行业转型。因此,要培养适应新媒体出版的复合型人才,所谓的复合型人才就是能将IT、互联网、数字出版标准与原本印刷在纸上的内容结合起来,设计符合读者需要的"互联网产品"。因此,我们邀请了行业专家参与本书编写,在此由衷感谢他们的大力支持。

　　数字编辑技术依托于互联网技术,是一个日新月异、不断推新的过程。我们在不断地与出版社、报社、电视台讨论、研究、修改数字产品。因此,本书的教学内容会随着技术的进步及时修改、添加或者删除相关的功能或技术内容,从而保证教学内容的持续更新。为此,我们采取"按需出版"的出版方式。

　　感谢大家为了我们共同从事并热爱的新闻出版广电事业所做的贡献,希望未来有更多的复合型人才加入这个行业,让它永葆青春活力!

目　录

第1章　数字编辑、数字出版概述 ·············1

1.1　数字编辑 ·············2
1.1.1　数字编辑概述 ·············2
1.1.2　数字编辑的类型 ·············9

1.2　数字出版 ·············16
1.2.1　数字出版概述 ·············16
1.2.2　数字出版形态 ·············18

1.3　出版社应该成为互联网企业 ·············22
1.4　数字出版未来新趋势 ·············26

第2章　数字内容制作系统 ·············29

2.1　概述 ·············29
2.2　电子书制作 ·············29
2.2.1　创建项目 ·············30
2.2.2　资源导入与标记 ·············31
2.2.3　检测和自动标记 ·············33
2.2.4　元数据编辑 ·············35
2.2.5　生成和提交文件 ·············38

2.3　数据库制作 ·············40
2.3.1　创建项目 ·············41
2.3.2　文本、素材、标记 ·············41
2.3.3　检测和自动标记 ·············44
2.3.4　元数据编辑 ·············45
2.3.5　生成和提交文件 ·············49

第3章　富媒体电子书制作 ·············52

3.1　概述 ·············52

3.2 AVE Project Manager综述 ……53
3.2.1 创建AVE PDF项目 ……55
3.2.2 导入InDesign文档(用于打印):AVE PDF ……56
3.2.3 在设备上生成和导出项目 ……58
3.3 AVE交互性功能 ……60
3.3.1 AVE MAG功能 ……60
3.3.2 AVE PDF功能 ……64
3.3.3 ePub固定功能 ……65
3.3.4 HTML5功能 ……66

第4章 VR、AR与数字出版 ……68
4.1 虚拟现实与数字出版 ……68
4.1.1 概述 ……68
4.1.2 虚拟现实系统的组成及分类 ……71
4.1.3 虚拟现实技术发展历史 ……75
4.1.4 利用VRP完成一个虚拟现实案例 ……83
4.1.5 VR中新交互技术 ……92
4.2 增强现实与数字出版 ……98
4.2.1 概念 ……99
4.2.2 增强现实技术发展与分类 ……99
4.2.3 增强现实的核心技术 ……101
4.2.4 利用HiAR引擎设计实现一个AR数字出版应用 ……104

第5章 数字资源管理平台 ……119
5.1 概述 ……119
5.2 数字资源采集系统 ……120
5.2.1 模板采集 ……120
5.2.2 标准采集 ……121
5.2.3 拖拽上传 ……123
5.2.4 资源搜索 ……124
5.2.5 导出书单和下载资源 ……124
5.2.6 资源文件管理 ……124
5.3 数字资源管理系统 ……126

5.3.1	版权管理	127
5.3.2	资源管理	131
5.3.3	审核	136
5.3.4	统计分析	137
5.3.5	机构资源	138
5.3.6	系统管理	138

5.4 数字资源展现系统 144
    5.4.1 图书/期刊 144
    5.4.2 音频、视频、图片 145
    5.4.3 全文检索 148
    5.4.4 元数据检索 149
    5.4.5 个人中心 149

第6章 协同出版系统 150

6.1 概述 150
6.2 主页 150
6.3 个人办公 151
6.4 在线编辑indd文件 156
6.5 查看已完成任务 157
    6.5.1 追回功能 158
    6.5.2 撤销功能 158
    6.5.3 催办功能 158
    6.5.4 查看运行明细 159
    6.5.5 导出成Word文档功能 159
6.6 查看已完成的图书流程 160
6.7 查看未完成的图书流程 161
6.8 创建新书 161
6.9 Indd编辑器界面及功能介绍 162
    6.9.1 文字批注 164
    6.9.2 图片批注 166
    6.9.3 修改文字 166
    6.9.4 设定样式 167

6.9.5　导出功能……169

第7章　内容再编辑与知识服务系统……173

7.1　概述……173
7.2　文章标引……173
7.3　未分配资源……175
7.4　条目列表……178
7.5　条目检索……179
7.6　可视化……180
7.7　分类词维护……180
7.8　分类词管理……180
7.9　栏目管理……182
7.10　添加词间关系……182
7.11　词间关系列表……183

第8章　数字编辑技术技能……185

8.1　概述……185
8.2　技术架构……185
　　8.2.1　C/C++……185
　　8.2.2　Java……187
　　8.2.3　C#……188
　　8.2.4　PHP……188
8.3　移动应用开发……189
　　8.3.1　IOS……189
　　8.3.2　Android……191
　　8.3.3　Windows Phone……192
8.4　数据库……192
　　8.4.1　Oracle 数据库……193
　　8.4.2　Microsoft SQL Server……194
　　8.4.3　MySQL……194
8.5　网页制作……196
　　8.5.1　HTML基础……196
　　8.5.2　网页基本结构……197

8.6 HTML5

- 8.5.3 注意事项 ·················202
- 8.6 HTML5 ·····················202
  - 8.6.1 概述 ·················202
  - 8.6.2 新增标签及功能 ·········203
- 8.7 网页制作软件Dreamweaver ····206
  - 8.7.1 概述 ·················206
  - 8.7.2 具体功能 ·············207
  - 8.7.3 制作简单页面的具体操作 ··207
- 8.8 视频编辑软件Premiere ·······211
  - 8.8.1 概述 ·················211
  - 8.8.2 具体功能 ·············211
  - 8.8.3 具体操作 ·············211
- 8.9 三维动画软件3Dmax ··········222
  - 8.9.1 概述 ·················222
  - 8.9.2 简单操作 ·············222
- 8.10 Adobe Photoshop ···········225
  - 8.10.1 图层功能 ············225
  - 8.10.2 绘画功能 ············225
  - 8.10.3 选取功能 ············225
  - 8.10.4 颜色模式 ············226
- 8.11 音频编辑软件Adobe Audition ··226

第1章　数字编辑、数字出版概述

在人类文明的演化和发展过程中，出版扮演了至关重要的角色，被誉为人类"文明之母"。与人类社会发展相适应，出版技术也经历了一个漫长的发展过程，每一种新的出版技术的出现都会极大地推动人类社会文明的进化。出版技术的发展史就是人类文明进化的历史缩影。

自20世纪60年代以来，以计算机技术、通信技术为代表的信息技术的迅猛发展，更是给出版领域带来了革命性的影响：计算机软、硬件的发展，使得利用计算机对文稿进行编辑、修改、排版等处理成为可能；适合海量存储的磁、光介质的产生使得信息的储存介质不再局限于以往单一的纸质媒体，信息的复制不再局限于传统的印刷方式；实时互动的网络技术的发展，使出版物的出版发行更加方便、迅速。

数字出版物的问世，标志着人类知识和传播方式完成了从铅与火到光与电的过渡，从而引发了由垄断出版到自由出版，由信息垄断到信息自由的转变。这是一个引发人类社会深刻变革的巨大转变。

未来的世界将会是数字出版的时代。它将影响人类社会管理、传播知识与信息资源的方式。知识、信息资源在人类社会物质和精神生产、人类文明的进步过程中，具有与自然资源、劳动力资源同等重要的地位。到目前为止，人类知识和信息的传播与积累一直是依靠学校教育系统、图书馆、文献信息服务单位等机构进行的，这些社会公益事业保证了每个人平等地获取知识、信息的权利与机会。而今，社会的知识与信息大都以机读形式存储在各类数据库中，通过计算机网络和发行线路发行数字载体或印刷品等进行传播。

总之，数字出版技术的出现给社会带来了巨大的冲击，给人类社会的政治、经济、文化等都带来了很大的影响。这种冲击和影响不但涉及人类社会信息传播模式的改变，还包括对人类信息传播、信息行为带来的深远影响。数字出版技术影响着作者、出版者、图书馆、书店以及广大读者的行为，改变了他们之间固有的关系。

1.1 数字编辑

数字编辑一词也有多种词义。作为名词时数字编辑指的是从事数字传播内容生产工作的从业人员，也可指数字编辑这一种职业、这一类岗位，还可以指内容生产这一流程环节。这里重点强调的是在数字传播工作中，从事数字内容产品生产、传播、维护工作的从业人员。

数字编辑是个新生事物。随着数字技术的不断应用和普及，数字传播需要越来越多的具有出版、新闻、文学、美术、艺术、营销等方面专业背景的人员加入，这部分从业人员不再是软件编程或技术维护，而是运用数字传播技术，专职从事数字内容产品生产、传播、维护的专业技术工作人员。

1.1.1 数字编辑概述

我国数字编辑的数量目前虽然缺少权威的统计，但数字编辑人员队伍已经发展成为一支不可小觑、数量可观的职业群体。这部分人员重点分布在数字出版、数字新闻、数字音视频以及数字游戏、数字动漫五个方面的数字传播单位中。

1.1.1.1 数字编辑的概念

为了加强行业人才建设，促进北京地区文化产业发展，2015年11月，北京市人力资源和社会保障局、北京市新闻出版广电局对在文化领域从事数字传播的从业人员，新增加了一种新的职业能力水平的评价体系，即数字编辑专业技术资格（也称为"职称"），并发布了《北京市新闻系列（数字编辑）专业技术资格评价办法》（京人社专技发[2015]258号），将数字编辑定义为："利用高新数字传播技术，对文字、图片、音频、视频以及动画、漫画、游戏等信息内容，进行作品选题策划、稿件资料组织、编辑加工整理、校对审核把关、运营维护发布等工作的专业技术人员，简称数字编辑。"

在数字传播工作中，数字编辑需要对海量信息进行搜索采集、整理加工、设计制作、审读核对、上线发布、维护服务的具体工作。在整个数字传播过程中，数字编辑职业具有如下特征：

1. 提供编辑加工附加价值

数字编辑工作以作品为劳动对象，其任务是把作品转化为数字内容产品或节目，把作者个人的智慧成果转化为社会文化产品。从文化创造过程来说，创意写作的主体无疑是作者、编剧等，而不是数字编辑，然而，数字编辑对推动这一过程的顺利进行和保证产品的质量，具有不可替代的作用。

数字编辑的介入将缩短创作者与消费者的距离，提高创意写作的针对性和作品的成功率。数字编辑不仅要将作品转化成数字内容产品，还要参与其作品的整体设计。以数字阅读产品的生产为例，对成熟的作品，数字编辑要通过认真的加工，弥补作者可能存在的疏漏，做到精益求精；对不成熟的作品，要提出修改方案，有时甚至要帮助作者进行脱胎换骨的改动；还要针对细分市场，对作品进行各种表现形态的设计规划，充分运用图文声像影等媒体形式，生产各种表达作品内容的数字内容产品，满足人民群众日益增长的精神文化需求。跨越不同传播平台的产品类型，新颖的封面或包装，别致的名称和标题，巧妙的宣传语句或营销手段，都能大大增强出版物和节目的市场竞争力。数字编辑人员做好以上的工作，才能有序、有效地完成数字传播工作任务。

2. 组织和生产数字内容产品

数字编辑是数字内容产品的生产者和组织者。数字编辑人员必须根据数字传播方针，提供大数据分析、社会调查等方式，发现社会需求，制订相应的计划，组织策划选题，从而使数字内容产品的生产和社会需求达到必要的契合。没有数字编辑的组织工作，数字内容产品的生产就会处于一种无序状态，某些数字内容产品甚至无法顺利问世。

3.承担审核和质检职责

数字编辑是数字内容产品传播的把关人，需要对数字内容产品内容的合规性、合理性进行审查和检验。在数字内容产品的生产传播过程中，数字编辑拥有选择权。选择权一是体现为筛选权和把关作用。数字编辑需要抱着对社会、对人民群众负责的态度，对精神产品采取扶正祛邪、择优汰劣的原则进行审读、筛选和把关。二是体现为导向作用。数字编辑要对社会文化生活加强引导，发挥正能量，产生显著的影响。比如，改变读者的阅读体验、调整作者的写作计划、催生某种文学体裁、推动某种写作风格等。

4.连接生产和消费的中介

在数字传播语境下，数字编辑是数字内容产品生产和消费的中介，是创作者和消费者的桥梁。他的劳动能有效地控制和协调生产和消费两者的关系。

数字编辑的中介性突出体现在与创作者和消费者的关系上。数字编辑人员所面对的双方是具有对立统一关系的矛盾双方，处于中介地位的数字编辑正是通过自己的创造性劳动，为矛盾双方的相互转化和精神产品的生产消费创造条件的。

1.1.1.2　数字编辑的职能作用

数字编辑工作是社会文化活动的重要组成部分，是文化创造、传播、积累过程中不可缺少的环节。在这个环节中，数字编辑根据社会需要和文化信息传播，进行精神生产的规划设计和组织工作，然后以选题作品为对象，进行选择、加工，形成精神产品，并通过营销服务满足受众阅读、收听、收看等体验需求。这一过程决定着数字编辑工作的性质与功能。

1.数字编辑的产业地位

数字编辑工作有着鲜明的时代要求，数字编辑在数字传播中应该具有历史和文化担当。《辞海》称编辑工作是"定稿前的重要环节"，表明数字编辑工作在整个数字传播工作中具有相对独立的地位和举足轻重的重要性。数字编辑工作已经从编纂合一的著作活动中独立出来，由相应数量的一部分，并以此为职业的专门人才承担，形成一种重要的、不可缺少的社会分工。

数字传播活动主要由创意策划、采集筛选、编辑加工、复制下载（或推送）、阅读服务等组成，数字编辑工作仍然处于中心地位。在数字传播工作中，数字编辑工作是核心，数字编辑工作的性质决定了在文化积累和传承面前担负着重要职责，能够在积累和传承社会文化的大生产中发挥组织整理、选择和优化的作用。

1）贯彻党的政策方针的关键地位

舆论传播是宣传党和国家政策方针的主阵地，数字传播工作则是宣传党和国家政策方针的重要战场和主要方面，而数字编辑则是党和国家政策方针的宣传队。

在数字传播活动中，数字编辑具有关键地位和作用。举什么旗，站什么队，传播什么声音，都必须由数字编辑协调、组织、实施和完成。因此，在宣传党的政策方针方面，数字编辑要自觉树立阵地意识、战场责任，自觉发挥宣传队作用，把党和国家的方针政策贯穿于数字内容产品生产之中，体现于数字内容产品质量之上，服务于广大消费者的始终，用"讲好中国故事、传播好中国声音"来确保数字内容产品的健康传播。

2）实现数字内容产品生产计划的核心地位

数字内容产品管理规划、生产计划是新闻出版广播影视工作方针的具体体现。在出版、播出播映规划的实现过程中，编辑工作处于核心地位；在数字内容产品生产计划的具体实施过程中，数字编辑工作同样处于核心地位。目前，数字传播在整体上还存在分散的发展状况，做好数字编辑工作，有利于改变这种无序竞争局面，分门别类厘清传播产业链主体单位。

数字编辑在各类型数字传播主体中的工作范围及边界，有助于实现数字内容产品的有序生产，形成合力。

3）提高数字内容产品质量的保证地位

数字内容产品的质量是数字传播工作的生命线。除受著作权人条件的制约外，数字内容产品的质量主要取决于编辑工作的质量。而衡量数字内容产品的价值，主要在于它能否真正经得起实践检验和时间考验，能够传之久远、影响深广。在数字内容产品生产过程中，数字编辑人员要通过不断地采集、筛选、整理、加工、发布、推送、互动和服务来生产、维护数字内容产品，保证产品质量。但目前，数字内容产品质量与传统内容产品质量的管理比较起来，还有一定差距，甚至还饱受垢病。因此，数字编辑人员必须做好数字编辑工作，才能有助于贯彻数字传播工作的基本方针，保证数字内容产品的质量，提高数字内容生产企业的社会认可度。

4）提高数字内容产品效益的基础地位

数字内容产品生产的效益是数字传播产业赖以生存和发展的一个根本条件。数字内容产品的效益包括社会效益和经济效益两个方面，将社会效益放在首位，实现社会效益和经济效益相结合，是数字传播产业健康发展的关键。数字编辑工作贯穿数字内容产品生产全过程，决定着数字内容产品的精神价值和物质价值。做好数字编辑工作，才能实现数字内容产品生产传播的双效益。数字编辑工作在两个效益的提高中同样处于基础性地位。

2.数字编辑的岗位划分

数字内容产品的编辑制作是数字内容产品生产流程中必可不少的环节，是体现数字内容产品内容优质性的关键性步骤，也是满足用户个性化、多样化消费需求的核心环节。数字编辑在数字传播单位中的岗位设置，可随着数字传播企业及数字内容产品的要求不同而有所不同，但通常包括数字内容产品的策划、设计、加工制作、审读、测试、发布、运营维护和营销等岗位。

1）策划型编辑

任何一种产品，首先来源于创意和策划。数字内容产品的创意与策划，不仅表现为对作品的选择、搜集、加工和整理，而且要针对市场的显性或潜在需求，将信息资源转化为社会需要的文化产品，使投入得到相应的市场回报。一个选题值不值得提出，值不值得推广，都要建立在周密的市场分析和市场调查基础上。而策划编辑在其中起着关键作用，策划型编辑"策划"了产品的方向和目标，就是赢得新用户，实现社会效益和经济效益的第一步。

2）设计型编辑

设计是指从创意到制作的这个中间过程。设计是对主题、创意、语言文字等多种要素构成的组合安排。设计型编辑就是通过简单清晰的信息内容，准确传递信息的支撑点、推送点、需求点和收益点等要素，将产品的创意和策划发挥到极致，使产品更加吸引受众。

3）加工制作型编辑

在数字内容产品生产中，产品的设计组织和加工制作都由加工制作型编辑完成。从内容上讲，这些媒体包括文字、图片、音频、视频等，数字编辑需要熟练掌握和运用各种媒体的格式、属性、转换、剪辑、标识等，例如，图片的剪切，尺寸调整，调色，格式转换，视频的剪辑、合成、压缩，字幕编辑，以及各种格式的大小、清晰度、版权保护机制等。通过精良的制作，生产出赏心悦目的数字内容产品。

4）审读型编辑

审读，顾名思义就是审查阅读，审读型编辑就是对数字内容产品进行审阅的编辑。审读是内容产品最重要的工作制度。

审读通常要经过三个审次（初审、复审、终审），这就是常说的"三审制"。通过审读，检查产品中是否存在政治性、民族性、保密性、法律性、质量性、完整性等问题，从而确保产品健康完美的品质。

5）管理型编辑

数字内容产品区别于传统内容产品的一个重要特征就是，数字内容产品必须构建一个内容生产与管理平台，如电子图书的出版创造、内容加工和标注，根据不同的需求进行发布，可以发布成电子图书，也可以发布到网络等。内容结构化的特点是内容与版式分离，即内容可以通过不同的版式生成不同的产品和服务。内容结构化处理的目的是使一个内容可以应用在多个相同或不同载体的产品和服务，降低内容创建和维护的成本。因此，管理型编辑不仅需要承担数字内容产品的生产创造、内容加工等数字编辑工作，还需要对生产流程实施规范性管理，从而保证数字内容产品的生产、发布和运营维护。

6）运营维护型编辑

运营是在产品经营过程中，对生产和提供的产品和服务进行设计、运行、评价和改进的工作。维护就是维持保护，使免于遭受破坏。运营维护型编辑要时刻检查信息内容是否完整发布、是否即时发布，始终保持内容的即时性传播、完整性传播和信息内容的交互传播。

7）营销型编辑

营销型编辑的主要任务包括建立前瞻性的营销理念，拓展渠道并积淀适合自身的营销宣传途径。数字内容产品进入传播前，营销编辑要充分考虑产品内容和产品的呈现方式，考虑分销还是销售平台，以及如何实现跨领域营销。在产品上线后，就要针对自身的特点，寻找和发现最适合自身产品的营销渠道，做最适合自身产品的营销宣传。

3.数字编辑的岗位职责

数字编辑专业技术资格设置为正高级、副高级、中级、初级（助理级）四个等级，各级别名称分别对应为高级编辑、主任编辑、编辑、助理编辑。

1）助理编辑（初级）的岗位职责

协助编辑并在其指导下，利用数字化技术和手段完成内容信息的搜索、采集、整理、汇编、数据入库等工作，初步熟悉并掌握文字、图片、音视频编辑软件的使用；能针对有关学科领域的专业特点，提出选题的策划、设计、组稿、初审和加工制作工作；独立完成产品发布前的内部测试和发布后的功能测试等。

2）编辑（中级）的岗位职责

利用信息采集分析工具，搜集和研究本学科的学术动态和行业发展信息；了解用户消费行为，并在此基础上提出栏目、内容产品和系列选题的设想，并进行可行性论证和组织实施；具有独立审查学科内容、加工整理统编产品内容，检查自己承担责任编辑的栏目和内容产品的能力；做好栏目和产品的宣传推广工作；总结工作经验，指导、培养助理编辑。

3）主任编辑（副高级）的岗位职责

利用高级动态信息采集分析工具，广泛搜集和全面研究本学科的学术动态和行业发展信息；系统分析用户消费行为，并在此基础上制定栏目、数字内容产品和系列选题的规划，提出改进编辑工作的建议或方案，并进行可行性论证和组织实施；担任重要栏目、数字内容产品、系列选题的责任编辑；具有独立复审或终审相关学科和学科群的学术内容、通审产品内容、审查自己分管的栏目和数字内容产品、解决审稿中的疑难问题的能力；做好栏目和产品在各种渠道的宣传推广工作，组织线上、线下的宣传推广活动；总结工作经验，撰写论著或教材，指导和培养专业人才。

4）高级编辑（高级）的岗位职责

搜集和研究有关学科的学术动态和产品信息；提出改进数字内容产品出版工作的建议或议案；制订选题计划和开发计划，组织社会力量或有关人员实施；终审重要产品的内容；必要时对重点产品内容进行审查、加工；总结工作经验，撰写论著或教材，指导和培养行业专业人才。

1.1.2 数字编辑的类型

按照数字传播产业链的具体分工不同，数字编辑大致可以分为内容编辑、技术编辑和营销编辑，分别在数字传播产业链中扮演着不同的角色。内容编辑主要负责数字资源的建设、数字产品的研发和数字内容的更新维护；技术编辑的主要职责是了解、掌握和应用最新技术，将最新技术成果与新闻出版业相结合生产数字内容产品；营销编辑的主要职责是通过市场调研、市场预测等方法，探索和找寻合理的盈利模式，将数字产品及时向目标用户推广和销售。

1.1.2.1 内容编辑

传统的内容生产都是以一个产品传递到读者手中作为内容传播活动的完成，数字时代的内容编辑面对的则是产品的抽象化、虚拟化和系统化，更多体现出的是数字化内容的服务。内容编辑的职责是熟练掌握信息系统沟通和运用的技能。内容编辑包括策划型编辑、执行型编辑和辅助型编辑。

数字内容的载体形式发生变迁，产品本身以承载着数字化内容的形式出现，必然需要新系统进行支持，数字出版的基本信息系统有三类：第一类是协同创作平台，第二类是内容生产与管理平台，第三类是内容服务和运营平台。

（1）协同创作平台又可以分为作者的协同创造以及专家在线审稿平台。对于作者，协同创造平台可以提供一个在线的虚拟工作区域。作者、专家、编辑在虚拟的工作环境下，进行实时沟通。相比传统的内容生产业务流程，协同创造平台的编辑选题通过之后进行组稿，组稿会上主编把分工布置给每位参编者，分工之后每位参编者把加工好的稿子送给主编，主编再进行统稿，统稿之后需要专家进行在线审稿。如此往复，中间需要很长时间。虚拟平台的介入减少了大量时间。所以说编辑可以提示输出意见和交流，这样可以大大提高我们审稿和交稿的质量。

（2）内容生产与管理平台，重点是专注内容的发布，将内容加工和标注，根据不同的需求进行发布，既能加工成图书，也能做成电子书发布到网络。内容处理方式有两种：一种是内容结构化处理，目的是将一个内容应用于多个相同或不同载体的产品和服务中。如传统的出版业主要是为了出书或报刊，用计算机进行排版后主要用作出软片，另外可以生产PDF做一份电子书。内容结构化的目的是使得加工的内容可以变成不同的产品和服务，从而大大减少了内容创建和内容维护的成本。另一种是非结构化内容的处理，也是目前内容的主要形态。非结构化内容的特点是内容跟版式捆绑在一起，多数时候输出面临重做的境地，内容编辑需要完成的就是结构化处理。在内容加工和元数据标注时，内容编辑在XML的编辑器上进行文档加工，过程类似于在计算机上处理 Word 文档，二审、三审人员都可以在线在 XML 编辑器上进行审稿。这种标注的特点是协同加工，对于一本图书，尤其是大型的工具书，可能是多个编辑同时进行审稿，每个编辑从内容管理系统的书稿文档中剪出自己所负责的章节，其他工作人员可以看到团队每个人所做改动的情况。内容修改的跟踪、各版本记录、每个编辑做的删改在系统中都留下了记录。内容编辑也要负责内容入库管理。对于重要价值的内容，放到一个数据库中进行管理，其管理形式是分层的。第一层是产品，以具体的图书或者光盘或者网络课程进行管理。第二层是对更微观的拆分形成知识单元的管理，对知识单元中不同的媒体素材进行管理，如文本、素材、动画的管理。

（3）对于内容服务与运营平台，内容编辑一方面要检查数字产品的时效性，及时将失效、过期或者作废的数字产品下线；另一方面要将适合读者需求、展示理论创新成果、反映实践指导价值的新作品及时上线。与此同时，内容编辑还要对已经销售出去的数字产品及时进行内容补充，为目标用户提供稳定、可持续的知识服务。优秀的内容编辑立足内容环节，着眼于整个数字出版产业链，充分发挥内容资源的优势，为数字出版技术的应用提供资源基础，为数字出版市场销售的开展提供产品保障，为数字出版衍生服务提供内容前提。此外，目前数字内容存在碎片化和浅阅读的争议，内容编辑应该成为数字内容的深度加工者。在海量信息泛滥，且呈碎片化分布时，编辑该对信息进行深度加工，在内容的经典性、专业性和主要性上下足工夫。这既是适应数字出版市场的需求，也是编辑对抗文化轻薄化、戏谑化、庸俗化、垃圾化的责任所在。

1.1.2.2 技术编辑

数字编辑涉及的技术十分庞杂，作为编辑，虽然在技术层面无法达到研发人员的技术要求，但也该了解和掌握一些常用的技术，建立起技术知识的基本框架和基础，在实践中逐步拓展和提高。

（1）媒体加工技术。内容媒体的组织和加工由技术编辑完成。常用的图片及音视频编辑软件很多，使用中不拘一格，只要能够满足工作需要就可以。

（2）网站搭建技术。常用的网站搭建技术有静态网站和动态网站两种。

在网站设计中，纯HTML（超文本标记语言）格式的网页称为静态网页。采用静态网页技术的网站，具有成本低、容易被搜索引擎检索等特点，但网站的更新和维护比较麻烦，并且缺乏交互性。所以大型网站已经不再单纯采用这种技术。

动态网站使用的语言是HTML+ASP、HTML+ASP.NET、HTML+PHP、HTML+JSP等。动态网站的程序在服务器端运行，网站会随不同客户的请求，返回不同的网页。采用动态网站技术的网站可以实现用户注册、用户登录、在线调查、用户管理、订单管理、个性化页面发布等功能，大大降低了网站维护的工作量。

采用何种技术建立网站，取决于网站功能需求和内容的多少。如果网站功能简单，内容更新量不大，可以采用纯静态网页的方式；反之，一般要采用动态网站技术来实现。静态网页和动态网站之间也并不矛盾，为了适应搜索引擎检索的需要，也可以采用动态网站技术将网页内容发布成静态网页形式。

大型网站一般采用内容管理系统（CMS），是建立在动态网站技术之上的，它消除了动态网站灵活性不足的问题。

CMS可以对网站从频道设置、版面布局、模板建立、内容导航到版式调整都可以方便地控制，并可以具体到每个网页的内容。CMS系统一般会提供一个所见即所得的网页编辑器，即使不懂HTML语法的用户也可以非常容易地更新和维护网站内容。CMS系统也具有成本高、门槛高等缺点。

（3）网站的系统构成。网站一般包含多个系统，常见的有内容管理系统（CMS）、电子商务系统、单点登录系统（SSO）、版权保护系统、广告管理系统等。根据需求不同还可能有一些特定的系统，如论坛、博客、题库系统，视频点播系统，机构用户管理系统等。构成网站的各个系统分工明确且相对独立，它们之间通过数据同步和交换来协同工作。编辑一定要了解数字出版网站各个系统之间的功能划分、数据存储的划分、数据同步和交换的规则等，以便尽可能早地提出自己的要求，使开发人员更好地考虑到系统的扩展性。

（4）XML技术。数字内容中往往会涉及各种内容资源的组织、加工和展示，如何处理多种多样的数据格式是一个突出的问题。XML（Extensible Markup Language，可扩展符号化语言）的出现，统一了信息收集的数据格式，给数据交换带来了一场革命。XML是用来描述和存储数据的，重点是什么是数据和如何存放数据。XML使用文档类型定义（DTD）或者模式（Schema）来描述数据。

XML的最大优点在于它的数据存储格式不受显示格式的制约。一般来说，一篇文档包括三个要素：数据、结构及显示方式。XML把文档的三要素独立开来，把显示格式从数据内容中分离出来，保存在样式单文件（Style Sheet）中。如果需要改变文档的显示方式，只要修改样式单文件就行了。XML数据以纯文本格式存储，和软硬件无关。因此，实现跨操作系统、跨平台、跨应用程序和跨浏览器变得十分方便。

用XML来保存数据成为当前数字出版的主流，编辑应予以重视。

（5）数据库技术。目前流行的大型数据库产品有Omde、SQL Server和MySQL等。大型数据库系统在功能、安全性和扩展性方面提供了更好的解决方案。选择什么样的数据库，以及基于数据库的开发是技术人员的职责，编辑需要了解一些数据库基本知识，以便更好地参与数据库的规划设计，特别是方案设计中的功能扩展性评估。编辑应该了解数据库建模、实体关系模型（R-R图）及索引机制等相关的数据库技术，要了解数据库中设计了哪些表、表有哪些属性、表之间是什么关系以及哪些字段被经常性地检索等。

（6）检索技术。信息检索技术包括信息的分类、标引、检索、评价、反馈等过程。目前最前沿的信息检索技术包括以下方面：关键词检索（全文检索）、分类导航检索、同义词（异构词）检索、聚类信息检索、截词检索、精确检索、字段检索、网站超链检索、库间跳转检索、多库同时检索、布尔检索、数字检索、二次检索（多次逼近检索）、自然语言检索、定题检索、手机检索等。出版物内容管理面对的是出版单位的大量文稿数据，编辑在方案策划时，需要充分理解检索技术的含义，参与检索技术的筛选，确定内容分类、标引、重组的方案，建立内容资源的知识关联体系。

（7）数字版权保护技术。数字版权保护（Digital Right Management，DRM）技术有多种，包括电子文档版权保护、视频版权保护、动画版权保护、网页拷贝保护、光盘防复制保护、在线认证保护、绑定硬件保护、IP范围限制等，每种还包括很多具体技术。版权保护技术具有有效保护和妨碍使用的双重特性，是把双刃剑。编辑需要了解的是各种保护技术的操作机制、保护强度、优缺点、对用户体验的影响等方面，以便综合评价，做出相对合理的选择。

（8）电子商务技术。数字出版机构不一定建设自己的独立在线商城，但要充分利用互联网建立全方位、立体化信息沟通渠道，这些渠道包括与读者的B2C渠道，与发行商的B2B渠道和与作者的B2W渠道等。按需印刷是伴随数字技术和现代高速印刷技术而发展起来的新型印刷业务，它以不受数量限制、市场反应快捷、个性定制等优势来满足现代市场短版化、高效率和个性化的需求，也需要电子商务平台来实现业务的进行和推广。

1.1.2.3　营销编辑

营销编辑主要任务包括建立前瞻性的营销理念，运用市场调研和市场预测等多种方法，探索和找寻合理的商业模式和盈利模式，能够成功地将数字产品推广和销售给目标用户。

首先，营销编辑需要树立崭新的数字营销理念。在内容加工前，除了考虑内容和呈现方式，还必须同时考虑发行的载体，也就是分销与销售平台是什么，如何实现跨领域营销。确定产品的发行载体和产品跨领域营销是一个问题的两个方面。如果把内容比喻为水管里的活水，那么发行的载体就好比水管，电子阅读器则是盛水的杯子，读者或用户则是喝水之人。管道不通或不畅，即便活水源源不断，也无法送到喝水人的杯子中。

其次，营销编辑要运用科学合理的市场调研方法。要遵循特定的程序，在搜集、分析、整理各种信息、情报和资料的基础上，对数字出版物市场进行调查和研究；通过调查和研究深度挖掘用户的消费需求，获知竞争对手的商业策略，形成自身的经营规划，进而减少市场运营风险，把握市场经营规律，提高数字出版企业的经济效益和社会效益。这些方法包括电话调研、问卷调查、实地座谈会、电子邮件等，也包括微信、微博等移动互联网调研。

再次，营销编辑要探索和找寻合理的盈利模式。编辑需要综合采用各种盈利模式，以实现数字内容产品社会效益和经济效益最大化为目标，逐步实现盈亏持平、年度盈利和总盈利的经营发展目标。数字产品的盈利模式具体而言包括B2C、B2B、B2G、B2F、O2O等多种盈利模式。实践证明，这些盈利模式分别被不同的数字产品运营商所充分运用，并在相应的数字出版业务中取得了丰厚的市场收入，甚至在一定程度上引领了整个数字出版行业的发展。

最后，营销编辑要寻找和发现最适合自身产品的营销渠道。不同的数字产品有不同的销售渠道。目前国内有多种渠道可供选择，如三大移动运营商，在线阅读网站，苹果App Store，苹果iBOOks，Amazon KDP，以亚马逊、淘宝网、当当网、京东商城为代表的电子书销售平台，终端销售卖场，各种专题的在线或本地线下门店体验，数字书屋，数字图书馆，科技信息共享平台，数字电视，移动电视，移动通信网，广播电视网，各种社交平台等众多网络平台和多媒体终端。

与此同时，营销编辑要善于做自身产品的营销宣传。

目前国内数字出版市场还处在分散竞争的发展阶段，市场企业虽然数量不少，却缺乏品牌企业与龙头企业。以数字出版平台为例，国内虽然各种类型的平台为数众多，但每家的市场占有率、美誉度普遍不高，数字出版产品的销售规模有限。国外兰登书屋为推广自己的新书《夜晚的马戏团》，在图书、在线和游戏之间搭建了一座桥梁，设计了一款基于图书的在线战略游戏，参与者可以参与男女主人公的故事，并在搜集5个虚拟角色的记忆后就可以在"脸书"上建立个人的阅读日记,并与作者网络互动,这一因与"脸书"和"推特"建立了便捷、良好互动而成功吸引读者关注的电子化营销活动获得了英国图书营销协会年度最佳图书营销奖。

对于中小型出版社,由于在数字化转型中面临运营投入和抗风险能力较弱的瓶颈,优秀内容资源亟须走出去,出版社网站成为最基础且有效的平台。在加强网站内容建设的同时,出版社必须综合运用搜索引擎优化、友情链接、软文推广和微博营销等网站推广策略,以网站为起点培育网络运营的综合能力,培养优秀网络编辑人才队伍,形成发挥本社优势的可盈利的数字出版模式。

1.2 数字出版

1.2.1 数字出版概述

数字出版可谓一个新兴的事物,它是随着数字化进程加快产生的,对它的研究目前仍处于开始阶段,没有一个准确的定义,《辞海》《大不列颠百科全书》等权威的百科全书均未收录,很多学者都采取解释的方式来给它定义。

1.2.1.1 定义

1. 广义的角度

数字出版是人类文化的数字化传承,它建立在计算机技术、通信技术、网络技术、流媒体技术、存储技术、显示技术等高新技术基础上,融合并超越了传统出版内容而发展起来的新兴出版产业,以互联网为流通渠道,以数字内容为流通介质,以网上支付为主要交易手段。

从数字技术的角度来讲,只要使用二进制技术手段对出版的整个环节进行操作,都属于数字出版的范畴,其中包括原创作品的数字化、编辑加工的数字化、印刷复制的数字化、发行销售数字化和阅读消费数字化等。

2.狭义的角度

狭义的数字出版专指传统的电子书籍、数字期刊和互动杂志等通过互联网（包括移动互联网）的出版数字化。主要包括电子书、数字期刊、数字报、网络游戏、网络广告、手机出版（包括手机音乐、手机游戏、手机动漫、手机阅读）等。本书中提到数字出版如无特殊说明均指狭义的定义。

综上所述，数字出版是这样的：首先，数字出版传播的是内容，必须具有一定的内容承载；其次，内容的编辑、复制、传播过程都是以二进制代码的形式进行的；再次，这些内容是存在于光、电、磁等介质之上的；最后，所有数字出版必须借助计算机及类似设备和网络技术才能得以进行。

我们将常见的数字出版物拿来分析，均符合这些条件。比如电子图书，它拥有一定的内容，它的编辑、复制、传播都是以二进制代码的形式进行的，存在于光、电、磁这些介质之上，并且借助网络进行传播。

1.2.1.2 数字出版的特征

1.内容生产数字化

数字内容产品生产阶段要采用各种数字化技术手段，使产品在内容和形式上的所有信息都以二进制数字编码的形式记载在相应的存储设备中。

2.管理过程数字化

使用全数字化的信息管理系统，把各个出版项目中各个方面的信息及时整理、规制、存档并动态更新，从而让管理者随时随地协调和控制各个出版项目的进程，确保产品的质量。

3.产品形态数字化

对原有信息信号的处理后形成的二进制编码信息流，需要一定的解码设备将数字流转换成人可以感知的文字、符号、图形、图像、声音等信息信号。

4.传播渠道网络化

固定物质载体的出版物要通过仓储、分拣、包装、交通运输等流程才能实现出版物产品的传播；而数字出版其产品是由能够转换成电流或电磁信号的数字流所组成的，无法通过传统物流系统，只能通过一定的信息网络系统实现传播，这一过程快速便捷，而且传播的成本很低，其传播途径主要包括有线互联网、无线通信网和卫星网络等。

1.2.2 数字出版形态

按照不同的分类标准，数字出版物可以归入不同的类别。按载体类型来分，数字出版物可分为软磁盘、只读光盘、交互式光盘、高密度只读光盘、集成电路卡和互联网出版物等；按照媒体信息类型来分，数字出版物可以分为文本型、图像型、音频型、视频型和多媒体型，等等。

1.2.2.1 数据库

数据库是发展历史最悠久的电子信息源。当前，作为技术和出版形式的数据库，其影响渗透于各种其他形态的数字出版物之中。报刊全文数据库当然是传统出版形态与数据库的结合，至于数字出版的核心后台技术，如数字资产管理（DAM）等，数据库也在其中扮演了十分重要的角色。美国目前经过注册的数据库有30000多个。而根据中国国务院信息化工作办公室发布的中国互联网络信息资源数量调查报告，截至2014年2月，全国在线数据库的总量为1256758个。当前，世界各国的数据库产业已经发展成涉及科技、经济和文化教育等各个领域的行业。

由于大量数据库并不以提供信息的直接浏览和利用为目的，而且还有许多只包含原始数据的数据库必须配备检索软件才能使用，因此有人认为将数据库全部归入数字出版名下是不妥当的。下面是几种较为典型的以数字出版形式出现的数据库。

一是书目数据库，作为存储目录、题录和文摘等书目线索的数据库，早在20世纪60年代就大量出版了，如《化学题录》《科学文摘》等。二是全文数据库，它是将一个完整信息源的全部内容转化为计算机可以识别、处理的信息单元而形成的数据集合。自1973年美国米德公司建成世界上第一个面向公众查询的大型全文数据库Lexis至今，全文数据库已经成为全球文献数据库的重要发展方向。三是多媒体数据库，它可以统一存储和管理声音、图形、图像及文本，多媒体数据库能够表达的信息范围大大扩展，但同时也导致了许多问题。这是一种有潜力但是尚未发展成熟的数据库类型。

1.2.2.2 电子图书

电子图书是以数字形式将图书内容存储于硬盘、光盘、软盘、网络、闪存及其他计算机存储介质上的出版物。电子图书常见的存储格式有hlp、chm、pdf、exe等。回顾电子图书的发展，可以看到从封装型向网络型迁移的轨迹。20世纪90年代末以前，以软磁盘和光盘为载体的电子图书占据了主流，创始于1992年的莫比斯国际多媒体光盘大奖赛从一个侧面见证了该类型电子图书由兴盛而逐渐回落的发展历程，20世纪最后几年，电子图书与火箭书等新名词联系在了一起，提起eBook大家想到的是外观像书一样的手持式阅读器。但是时至今日，eBook的主流已转化为通过互联网免费或者付费传送，读者利用计算机、阅读器、PDA甚至手机等多种开放式阅读终端阅读的数字出版物。

从内容上来看，电子图书的产生有几种途径：第一种是商业公司、图书情报单位或者学术研究机构扫描现有的纸版图书生成电子图书，比如超星电子图书、香港迪威多媒体有限公司与北京书同文电脑技术开发有限公司联合制作的《文渊阁四库全书》电子版等。第二种是个人爱好者把现有纸版图书经过扫描、识别或录入后，生成电子图书供爱好者共享。这种做法最早可以追溯到1971年7月由Michael Hart发起的古登堡计划。目前该计划可以通过互联网向公众免费提供10000多种已进入公共领域的经典书籍。第三种是版权所有者或合法版权获得者利用出版过程中制版使用的电子文本制成电子图书，以商品或纸版图书附属品的形式发放。一般认为国内第一本网下出版和网上收费下载同时进行的图书是人民时空于1999年10月18日推出的《中国经济发展五十年大事记》。现在我国已有100多家出版社开始了电子图书与纸质新书同步出版的尝试。第四种是与纸质图书几乎完全脱离关系的电子图书，典型的如2000年3月14日，美国畅销小说作家斯蒂芬·金的作品《骑弹飞行》在网上出版，这是第一本只出电子版而不出纸质版本的书。

1.2.2.3　数字期刊

广义地讲，数字期刊可以定义为通过互联网传播、发行的杂志、快报、通讯、电子论坛等。要确切知道数字期刊的数量几乎是不可能的。著名的连续出版物指南乌利希网站2004年收录了37000种电子期刊的相关数据。目前，国际上大多数主要的学术期刊出版商和学术机构都通过数据库方式提供全文数字化期刊的集成服务。前者如美国学术出版社的IDEAL系统收录了该出版社356种科学与医学杂志的全文；后者如美国科技信息协会ISI通过其科学网提供世界三大引文索引——《科学引文索引》《社会科学引文索引》和《艺术与人文科学引文索引》的检索；美国电气与电子工程师协会IEEE通过网络门户IEEE XPlore向读者提供该机构自1988年以来出版的期刊、会议文献和其他学术出版物，以及所有现行IEEE标准，总文献量达到938613篇；英国皇家物理学会通过网站提供其出版的所有电子期刊的题录与文摘内容等（来源：数字媒体应用文献综述）。

国内自20世纪90年代以来也出现了若干大型网络期刊数据库，如中国期刊网、中文科技期刊数据库和中国科技信息研究所万方数据公司数字化期刊网，收录几千到上万种杂志不等，通过光盘、镜像站点等方式提供给图书馆和学术机构的用户使用，在学术领域有逐渐取代印刷期刊的趋势。

还有一些期刊则单独建立自己的网站以方便读者上网浏览和检索。国外的如《科学》《自然》。国内早在1996年就有《中国集邮》《大众摄影》等近20家杂志上网。另据调查，有三分之一左右的期刊社拥有了自己的网站或网页。

1.2.2.4　数字报纸

所谓数字报纸，是指报纸的新闻稿件和图片资料以数字形式存储并提供读者使用。1977年加拿大《多伦多环球邮报》首次通过 Info Globe 提供报纸文本的自由检索。1987年，美国加利福尼亚州的《圣何塞信使报》为读者提供电子版。尽管早期像《人民日报》等都发行过光盘版，但是目前数字报纸的主流是网络报纸。美国至少有90%的报纸上了网。

国外的许多网络报纸都充分利用互联网的多媒体和互动功能来提供更多的增值服务。如《纽约时报》网络版开发视频广告直接与电视广告竞争，把收费的档案资料与赞助商的广告进行超链接，提供一种名为"新闻跟踪预报"的服务，由用户选择感兴趣的新闻主题并确定递送时间和接收平台如计算机、手机、PDA等。而我国目前大多数网络报都处于初级阶段，也就是说网络版只是纸质母报的翻版，如《光明日报》《南方周末》等。另外，专业类尤其是IT类报纸，如《电脑报》《计算机世界》等的网上内容通常与纸质母报不甚相同。

1.2.2.5　按需印刷

按需印刷（POD）是建立在数字化信息存储和远距离传输的基础上，在计算机的控制下将数字化页面直接印制成书页，并完成折页、配页、装订等工序的数字技术。它将传统的印前、印刷甚至印后操作融为一个整体，由计算机系统统一完成。在整个生产过程中没有任何物理媒介存在，所有产品在与顾客见面之前都以数字方式在生产系统中存在、流通和加工处理。

美国是应用按需印刷技术的先行者之一。该国最大的图书批发商英格拉姆公司于1997年创立了一家闪电印刷公司，最先使用IBM的按需印刷技术印制图书。几乎与此同时，日本、德国、法国、以色列等国家也积极从事和发展按需印刷。目前从硬件来看，POD设备主要有施乐公司的Doeuteck、IBM公司的Infoprint和Indigo公司的E-print等。在国内，人民时空网、知识产权出版社和清华大学出版社等单位率先使用"富士施乐（中国）"的按需出版技术。在可以预见的未来，按需印刷不会取代传统出版，但会是对后者一个很好的补充，在某些情况下是传统出版一个有力的竞争对手。

1.2.2.6 数字音像出版物

数字音像出版物作为数字出版物的一种，具有数字出版物的基本特征：以数字化形式存储于光、磁介质上，借助计算机及类似设备读取等。这也是数字音像出版物与传统照片、磁带和录像带等模拟音像出版物的最大不同。

1.2.2.7 软件读物

从第一台计算机诞生开始，相应的计算机软件也就诞生了。由于许多系统软件和工具软件只是数据加工的工具和其他软件运行的环境，本身一般不包含数据，因此有人认为它不能算是严格意义上的数字出版物，在这里，我们介绍几种较为典型的软件出版物：教学应用软件，如多媒体课件，以及一些个人用户软件，如游戏软件等，它们都是数据与程序的结合，尤其是网络游戏软件的发展是非常快的。

1.3 出版社应该成为互联网企业

首先，明确战略目标，打造世界级文献中心。我们要明确战略目标，认清学术出版数字化转型方向。国家新闻出版广电总局老领导邬书林同志提出：中国要抓住建设世界文献中心的历史机遇，把我国建设成为新的世界级文献中心。现在全球已经有很多世界级文献中心，这也应该成为我国学术出版的发展目标。我们可以发现一条历史发展规律，在人类社会发展过程当中，世界经济中心、科技中心和文化中心都在随着地区经济的发展而不断变化。当一个国家成为经济中心时，会促进科技和文化的发展，并且逐步成为科技和文化中心，科技文化中心获得沉淀和再传播，它的出入口应该在出版业，出版业生产成果的具体体现是文献。目前我国已经成为第二大经济实体，具备这样的条件和机会，希望我国出版业能抓住机会，总结历史经验，努力让我国成为新的世界级文献中心。

其次，要统一认识。我们要认清数字时代的特征，从两个方面认识数字时代：一是从认识出版自身的角度。出版业到底是什么样的产业？出版是什么？我们一直强调出版业有鲜明的文化属性，我国长期以来一直把出版业放在文化产业当中考虑；近年来，我们不断推动出版业从计划经济走向市场经济，在这个过程中，我们认识到了出版是社会化的生产活动，出版业具有天生的生产属性；但是，我们通常会忽视出版业的信息属性。从信息视角来看出版，是文化和思想的表达，可以发现出版业在内容生产和传播的过程中，各种具体成果其实都是从不同角度、不同层级、不同阶段呈现信息。我们希望借助信息技术实现量化复制、规模化传播，可以用更丰富的方式、形态呈现信息，这也是出版业存在的基础。出版业和信息技术是密不可分的，信息产业的发展也离不开出版产业，所以我们在"十三五"规划的编制过程中提出，出版业要实现文化产业和信息产业两种属性的融合。二是从认识出版与互联网关系的角度。最近互联网企业提出一种新的说法，互联网发展进入下半场。什么是互联网的上半场、下半场？打个比方，在互联网世界里，上半场我们修建了"城市"，修建了"街道"，下半场，城市要有居民来入住。互联网建设也到了居民入住期，互联网的居民就是信息和内容，所以下半场的竞争一定会集中到信息和内容本身。今天，互联网行业所做的很多工作正是出版史上曾经做过的，我们一直强调：未来出版业的主体应当是互联网企业，其实，出版和互联网一样，一直在为社会公众的生活活动和外部产业的生产活动提供信息和数据，提供从数据到知识不同层级的信息内容服务。

再次，准确把握"互联网+"的完整内涵。互联网领域声称，互联网正在消减信息不对称，其实传统出版单位一直在从事消减信息不对称的工作，不过，出版单位比互联网做得更深、更高级。出版单位不但消减不对称，而且直接供应信息。近来，我们在互联网世界里看到了很多现象，这些现象恰恰证明互联网企业在接触信息及生产、传播内容的时候不足以胜任这样的使命，他们只是消减信息不对称，减少信息传递环节，但是很难、也很少去甄别信源的真实性和可靠性。传统出版机构做的信息把关甄别工作，其实就是在帮助用户做出专业化选择。传统出版模式以生产为主导，出版机构占据信息垄断地位，生产什么图书、销售什么图书，读者就只好阅读什么图书。今天，我们要从生产者主导变为消费者主导，主要根据消费者需求，适当引导消费者需求，提供信息和内容，满足消费需求，做用户的"信息内容选择代理人"。

对"互联网+"的完整解读应该是"技术+"和"内容+"的融合，出版业的融合发展要以"技术+"为基础实现"内容+"，"内容+"的最高级形态是"知识+"。

最后，全方位推进融合发展路径。融合是两种要素互相渗透，最后形成一种全新的形态，融合的结果一定是产生新的东西。传统媒体和新兴媒体的融合，传统出版和新兴出版的融合，不是要让传统出版和新兴出版相加，而是传统出版和当下出版形态的融合，最后催生崭新的出版形态。具体而言，全方位推进出版融合发展要从以下几方面做起。

（1）要加快出版与技术的融合。出版和信息技术本身就是一干两枝同根生的两个事物，出版和信息技术产生的根基都是社会公众和外部产业对知识信息的需求，出版和互联网存在的基础和目标是一致的。数字出版司这几年一直在推动传统出版单位的技术升级改造，从2014年开始我们就一直倡导，新时代我们更加需要轻技术，需要轻量级的、可以随时变化的、可以不断产生新的组合应用的技术。今年互联网领域最火爆的事情要数微信小程序，微信小程序就是轻技术发展思路的产物，当然，小程序还有更大的野心，未来如何尚不可知。未来真正的服务是让用户体会不到服务人员的存在。传统出版人在做内容供应的时候要去思考和学习互联网企业，当互联网在探索小程序的时候，出版业是否可以开发出小内容、小知识？小内容、小知识并不代表着生产垃圾产品，而是把有效的、有价值的知识做碎片化推送，但是，在供应方的后台和内部，要进行有组织、有结构的整合，只是在用户端，根据需求随取随用、随用随取。

（2）要创新出版业内部的融合。出版业内部融合应该从几个方面着手：第一，生产环节各生产要素的融合。未来，产业链的起点和产业链层次可能发生变化，生产要素融合需要重新构建产业链，再造生产流程。我注意到，今天的会议邀请了众筹网，众筹出版的出现是出版产业链变革的典型代表。众筹是什么？很多人在分析众筹的时候只是从表象上去看待它的经营模式和商业模式，没有深入理解众筹正在改造出版流程这一重大产业变革。在众筹模式下，传统的"编—印—发"出版流程已经改变。在书籍开印之前，众筹网先做发行，通过预发行和预宣传，筹得一定数额的资金后，再去做编辑和印刷。由此可见，传统出版产业生产程序已经变化，生产要素也在不断充足，出版生产正在进行多项立体化整合，实现从生产导向向消费导向过渡。第二，消费需求的融合。消费需求融合是指让同一需求对象在不同的年龄段、不同的发展阶段、不同的角度、不同场景的需求及不同的个体在同一个场景下共性的需求进行融合，出版者要借助数字技术手段把消费需求封装整合成一个全新的产品，形式一个产品包或者入口，让用户和出版者发生关系。第三，内容呈现方式的融合，用图、文、声、像等不同形态来呈现内容。要将传统出版的连续与非连续的方式融合，将书、报、刊整合起来，还要让书、报、刊出版和下游的影视、动漫、游戏等信息内容呈现传播形态进行融合。

（3）要全面推动与外部产业的融合。出版业要加快借助技术改变产品形态和服务模式，渗透进生活和生产活动。用"内容+生活"来满足社会公众的学习消遣需求和社交需求，用"内容+学术"融入学术研究的各个方向，用"内容+生产"提供各种专业服务，提高理论研究的现实意义和现实价值。出版业要走出出版的小天地，走进国民经济建设的各个领域。

（4）要提高出版从业者的融合能力。出版业数字化转型升级的发展路径是抽象的，最终要具象到每一个从业者身上。在学术出版领域，要促进技术的融合、市场的融合，最基础的就是要发展和提高学术编辑的自身素质。编辑要不断修炼自己，提高融合发展的能力，跟上时代步伐，跟上用户需求。编辑要成为新时代的产品经理，做出更高标准的内容产品与更高质量的服务，要有基本的数字化生产能力，更要有策划能力，策划出产品线、服务线，而不是简单的文字编辑。

2015年，出版业的知识服务模式试点工作正式启动，拉开了国家级知识体系服务建设的序幕。国家新闻出版广电总局要借助这样的试点工作，探索路径，推动传统专业出版单位转变为知识服务商，推动传统专业出版单位从单纯的文献供应逐渐实现知识供应。知识服务模式试点启动以来，有包括社科文献出版社在内的28家试点单位参与，新闻出版研究院则承担了国家新闻出版广电总局部署的国家级知识资源服务中心筹建工作，开始搭建平台做技术储备和模式研究，希望未来以社科文献出版社为代表的试点单位能够和新闻出版研究院一起共同打造以出版业为主体的知识服务体系。

作为一家兼具开拓勇气和创新精神的专业学术出版机构，社科文献出版社在谢寿光社长的带领下很早就开始尝试数字出版，并且一直致力于探索专业学术出版社的数字化转型升级路径。据我所知，目前我们已经有四条数字出版产品线，四条产品线组合形成数据库。我们已经进行了出版品牌资源、内容资源数字化尝试，数据库产品也建设得很有特色。我们的项目负责人表示2016年此项目销售收入已经达到1500万，这么优异的成绩在我国整个数字出版市场中都很鲜见，这说明数据库建设已经得到了市场的充分肯定和认可，成为我国出版单位特别是专业出版单位中学术出版数字化的标杆。

1.4 数字出版未来新趋势

当前我国新闻出版业转型升级融合发展已经步入提档增速的新阶段，我国数字出版也将步入新的发展阶段。

1.数字阅读平台与社交网络平台相结合

数字阅读平台与社交网络平台相结合将成为未来数字出版发展的一个重要趋势。这种结合、这种社交加内容传播的方式，一改过去单纯以内容为主体的平台建构方式，增加了用户主体架构。数字出版不再仅仅停留在满足人们静态阅读的需求层面，还满足人与人之间关系拓展的需求，满足信息构建与社群传递的需求，满足内容欣赏与互动展示的需求。

2.运用大数据技术提升内容质量

在新常态下发展数字出版，必须坚持以内容为本、技术为用，以内容为体、技术为翼，两者共同构成数字出版的核心竞争力。数字出版讲求"用户至上，需求为先"，这就要求出版企业不断提升科技应用水平，充分运用大数据技术，准确把握用户需求，提升资源整合能力，实现内容生产的分众化、特色化、精准化。充分运用先进信息技术和多媒体技术，丰富和优化内容呈现，满足多元用户需求，不断完善用户体验；充分运用社交类应用和技术，借助微博微信，促进社交平台与传播平台的有效对接，拓展信息传播渠道，提升传播效果，实现传播的即时化、互动化。

3.多样化、多层次、全方位的融合发展

融合发展是我国乃至全球新闻出版业的发展趋势，是传统出版与新兴出版需要共同面对的课题。融合发展不是局部的融合、个体的融合，也不是传统出版与新兴出版的相互替代，而是双方在内容、技术、渠道、经营和管理等方面多样化、多层次、全方位的互融互补。无论是传统出版企业还是新兴出版企业，首要的是思维观念上的融合。传统出版单位应不断强化和灵活运用互联网思维，逐渐摆脱在新媒体传播环境下的"水土不服"，向互联网企业学习灵活的经营管理机制，借助互联网的先进技术与新兴媒介渠道，将内容优势延伸至网络空间。新兴出版企业虽然与互联网共生共长，但同样需要具有融合发展意识，不断优化内容生产，完善服务水平。思想革新引领手段创新，企业应充分利用各项政策利好，积极推进各种业态创新、模式创新。努力实现"一个内容多种创意、一个创意多次开发、一次开发多种产品、一种产品多个形态、一次销售多条渠道、一次投入多次产出、一次产出多次增值"的新闻出版业融合发展"七个一"目标。

4.印刷媒体会一直保有一定地位

不管数字阅读发展到什么程度，实体书一直都会保有一定的地位，并不仅仅是专业领域。一方面，随着数字技术的发展，美术类等专业图书数字阅读不方便的问题会得到不断的改进；另一方面，这并不意味着实体书和传统阅读方式就会消失。

　　历史证明，传播方式的演进并非简单的替代关系，比如，印刷技术的出现并没有取代语言传播，光电技术，包括数字出版形式的大量出现，也不会取代语言和印刷媒体等传播方式。传统书店和网上书店的关系同样如此。

　　数字阅读的兴起不会让实体书店消失，但会推动它向更好地满足读者的阅读需求与体验方面转型。

第2章 数字内容制作系统

2.1 概述

数字内容制作系统作为一种数字编辑工具对数字内容资源进行数字化加工、结构化标注,并生成可跨平台、多终端、多渠道发布的数字内容产品。

目前国内的数字内容制作系统有方正经典数据加工、斯麦尔的数字内容制作系统等,本章以斯麦尔的数字内容制作系统为例进行介绍。

斯麦尔数字内容制作系统利用输出映射模板,可对数字内容资源实现一次标引、多格式电子书输出,输出包括京东、亚马逊、当当网、九月网、多看网、英国科技出版集团(ingentaconnect.com)等10多个覆盖国内外数字内容运营平台的电子书格式。

斯麦尔数字内容制作系统可以按照出版社制定的数字内容标准进行XML碎片化加工,用于支撑知识库、专题库、期刊库、工具书库、年鉴库等运营平台;具体包括电子书制作系统、数据库制作系统两部分。

2.2 电子书制作

电子书制作系统主要用于制作多格式电子书,输出包括移动运营商、京东、亚马逊、当当网、九月网、多看网、英国科技出版集团(ingentaconnect.com)等10多个覆盖国内外数字内容运营平台的电子书格式;其操作可分为创建项目、资源导入与标记、检测和自动标记、元数据编辑、生成和提交文件五个步骤，如图2.1所示。

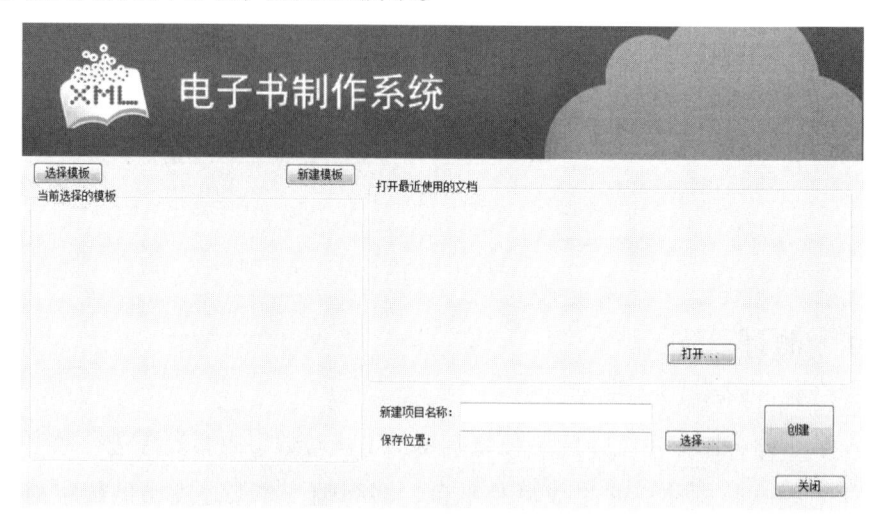

图2.1　电子书制作系统界面

2.2.1　创建项目

（1）选择模板如图2.2所示。系统提供Epub、Mobi两种结构模板（Epub、Mobi有相应的分篇设计，详见生成文件），可根据需要进行选择。

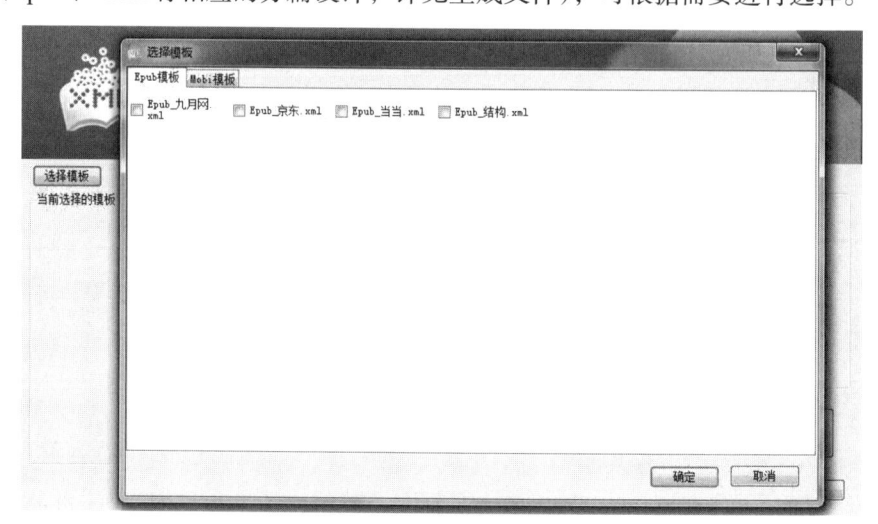

图2.2　选择模板

（2）在操作界面中，创建项目如图2.3所示。创建项目后，该项目制作的电子书的素材、文本，以及过程文件和生成的文件都将存放在该项目文件路径下。

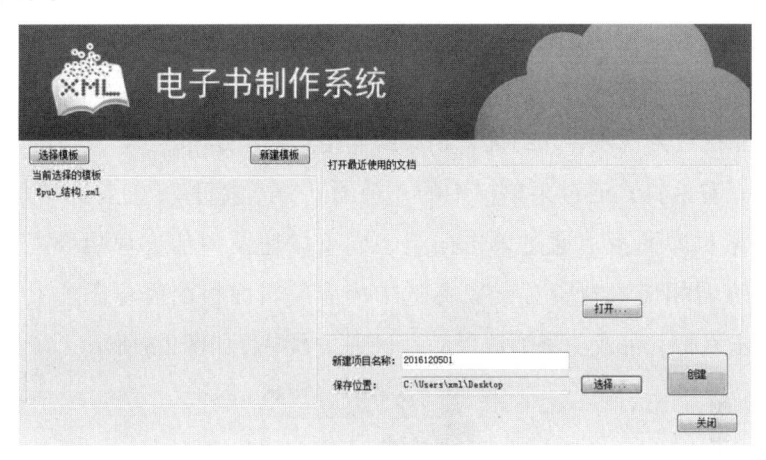

图 2.3　创建项目

2.2.2　资源导入与标记

（1）添加文本。文本内容可以通过导入或手工录入文本，单击菜单栏中的"文件"→"导入文本"导入已有文本，或在文本编辑面板直接录入文本内容，如图 2.4 所示。

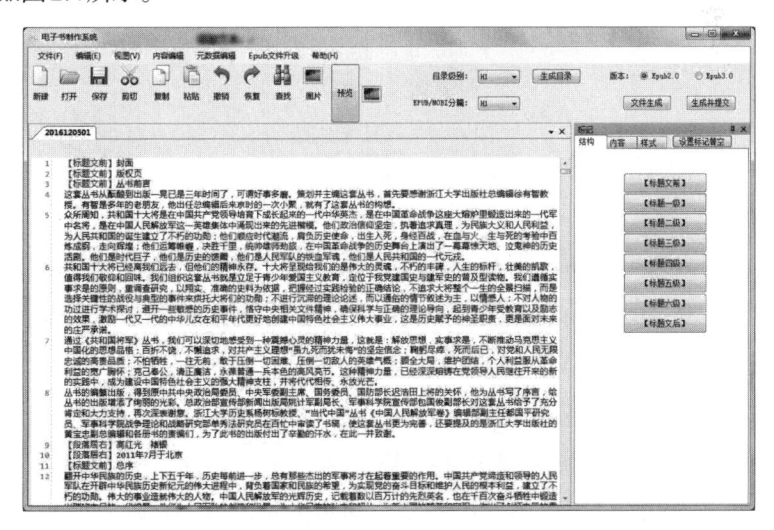

图 2.4　文本编辑面板

（2）添加素材。

①导入素材：通过文件菜单"文件"→"导入素材"可以选择批量导入或者单个导入图片、音频、视频，图片导入格式要求是.jpg、音频导入格式是.mp3、视频导入格式是.mp4，导入的图片、音频、视频可以在素材库看到。系统可为视频导入封面，视频封面格式要求是.jpg。

②查看素材：通过菜单栏中的"视图"→"素材库"，勾选"素材库"后打开素材库面板。通过单击向上、向下按钮及图片、音频、视频的转换，可查看相应素材资源，鼠标选中内容编辑面板内需要添加素材的位置，双击素材，可成功添加选择的素材到文本中，如图2.5所示。

图2.5 查看素材

（3）编辑文本。在"编辑"菜单或者工具栏下可对文本和素材进行复制、粘贴、剪切、删除、撤销等编辑，也可以通过相应的快捷键Enter换行、Ctrl+C复制、Ctrl+V粘贴进行操作。

（4）添加标记。通过菜单"视图"→"标记"勾选后打开标记面板。鼠标选中内容编辑面板内需要添加标记的位置，单击标记名称，添加标记。如果需要删除标记，则在内容编辑面板内直接删除标记文字，如图2.6所示。

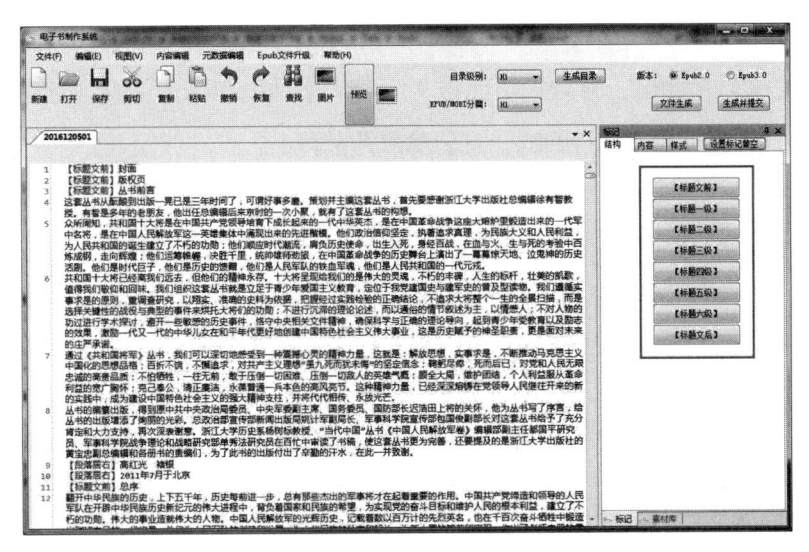

图2.6　添加标记

2.2.3　检测和自动标记

（1）文本检测。通过菜单"内容编辑"→"文本检测"执行文本标记匹配自动检测验证，如果检测无误，弹出提示框提示"文本检测无异常"，如图2.7所示。

图2.7　文件检测

若检测有错误,弹出报错面板,显示错误列表和错误信息。标记修改后,需再次执行"文本检测",直到检测无误为止。

(2)匹配检测。通过菜单"内容编辑"→"匹配检测"标记与素材自动匹配验证并检测是否存在空标记,如果检测无误,弹出提示框提示"匹配检测无误"。如果检测有错误,弹出报错面板,显示错误列表和错误信息。错误修改后,需再次执行"匹配检测",直到检测无误为止,如图2.8所示。

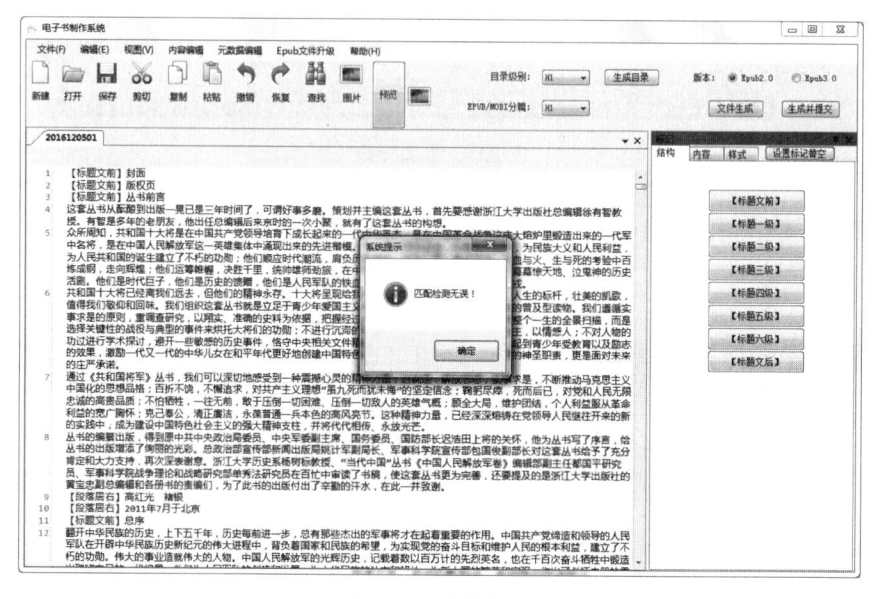

图2.8 匹配检测

(3)目录自动标记。如果需要导入目录,通过菜单"内容编辑"→"目录自动标记"导入本地的目录文件,自动匹配验证,自动执行目录标记。

(4)自动标记内容块。如果需要标记内容块,通过菜单"内容编辑"→"自动标记内容块"标记内容块(例如,诗词标题、诗词译题和诗词需要添加一个内容块),自动匹配验证后自动标记为内容块。

(5)撤销目录。如果需要撤销文本中标记的目录标记,通过单击菜单

"内容编辑"→"撤销目录",文本中所有的目录标记会撤销,用户可重新标记。

2.2.4 元数据编辑

(1) 资源平台信息。通过菜单"元数据编辑"→"资源平台信息",进入该项目资源信息填写界面,包括必填项:图书名称、所属分类、ISBN作者、责任编辑、出版社名称、出版时间、机构、版次等;非必填项:丛书名称、定价、译者及简介等图书的所有信息,如图2.9所示。

图2.9 图书信息

(2) 运营平台信息。通过菜单"元数据编辑"→"平台信息",进入该项目平台信息填写界面,系统提供当当网、京东商城、九月网三大数字内容运营平台信息。可同时选择多个平台,可以选择单一分类或多个分类,如图2.10所示。

(3) 版权信息。通过菜单"元数据编辑"→"版权信息"进入该项目图书版权信息界面,包括电子版权信息的录入和原有版权信息的录入,如图2.11所示。

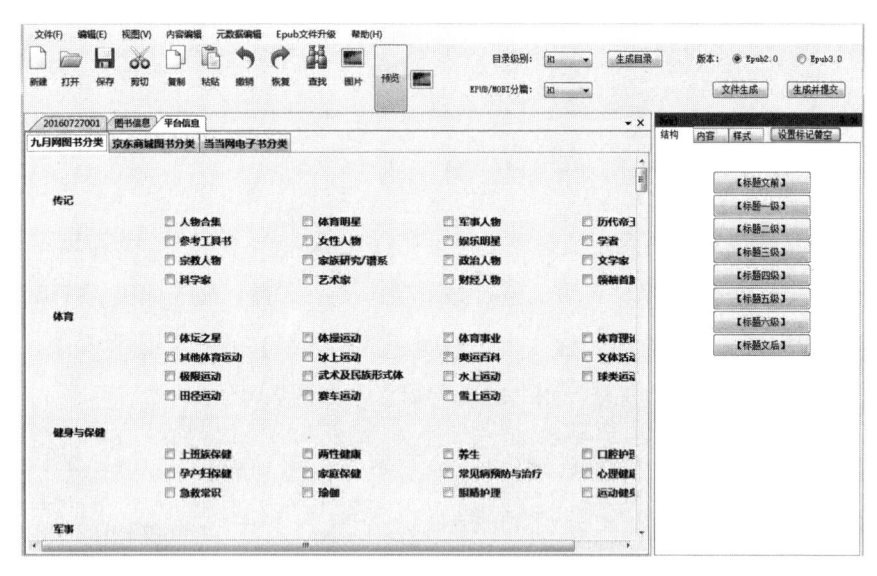

图2.10 平台信息

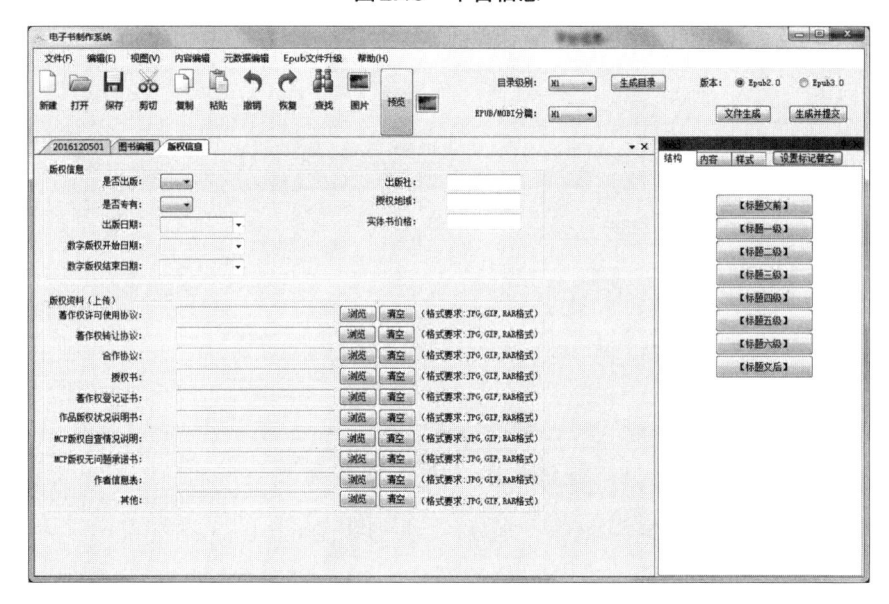

图2.11 版权信息

版权资料需上传版权资料的资料，限定JPG、GIF、RAR格式文件。

(4) 添加封面。通过菜单"元数据编辑"→"添加封面"为该电子书添加电子书封面，图片格式要求为JPG，如图2.12所示。

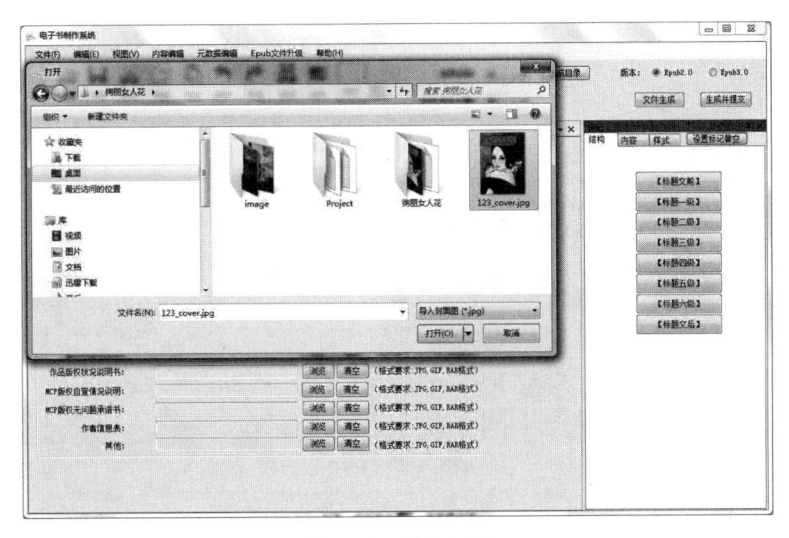

图 2.12　添加封面

选择图片，添加封面后，弹出提示"添加封面成功"，单击"图片"按钮显示添加的封面图片，修改封面只需再次单击"添加封面"，可添加新封面替换原来封面。

（5）预览。单击工具栏上的"预览"按钮，选择预览的模板，可以查看文本效果，如图 2.13、图 2.14 所示。

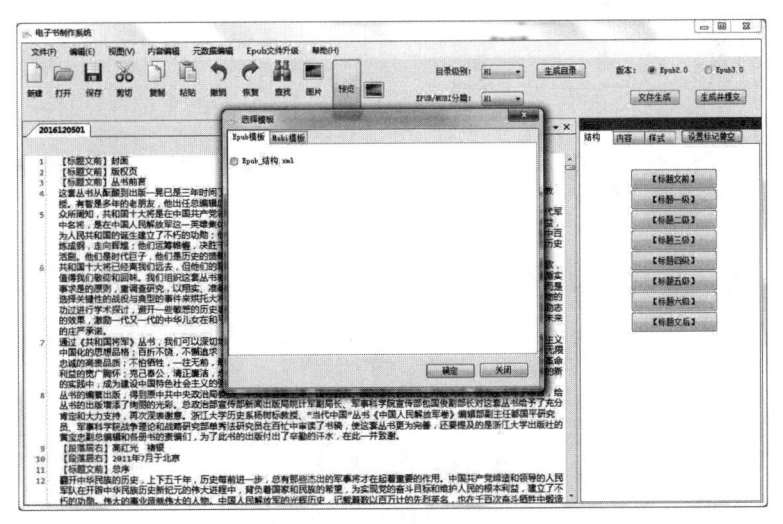

图 2.13　选择预览的模板

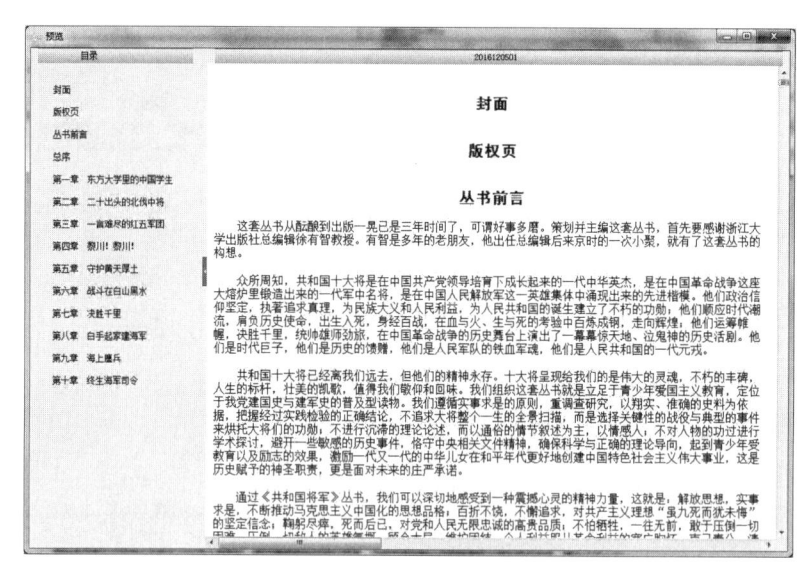

图2.14 预览文件

2.2.5 生成和提交文件

（1）生成目录。选择目录生成等级，单击"生成目录"按钮，系统按照选择的目录级别进行目录自动化生成，并在左侧目录面板内显示，如图2.15所示。

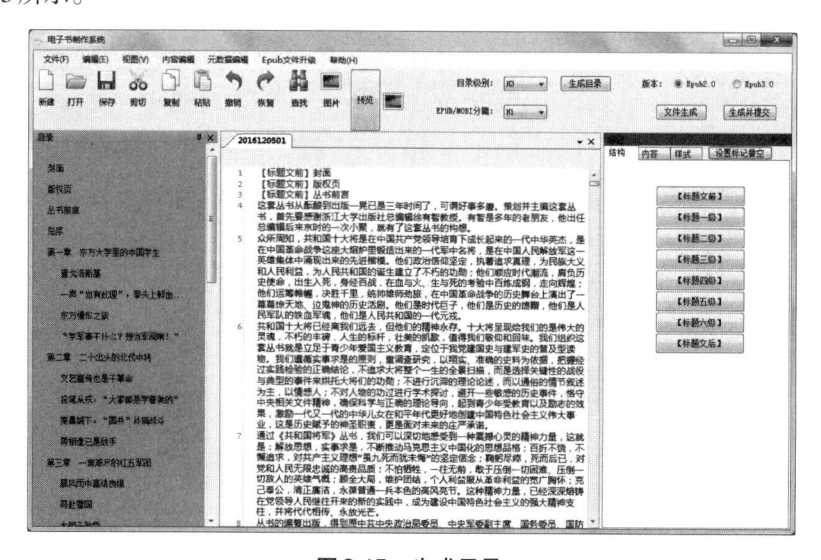

图2.15 生成目录

（2）文件生成。Epub/Mobi分篇设计：选择相应的模板会显示相应的分篇，单击Epub/Mobi分篇的下拉按钮，选择输出目标格式的分篇级别，当项目生成时，系统将按照不同输出格式的分篇级别执行分篇。

单击"文件生成"按钮，系统执行打包生成本地项目文件，如图2.16所示。

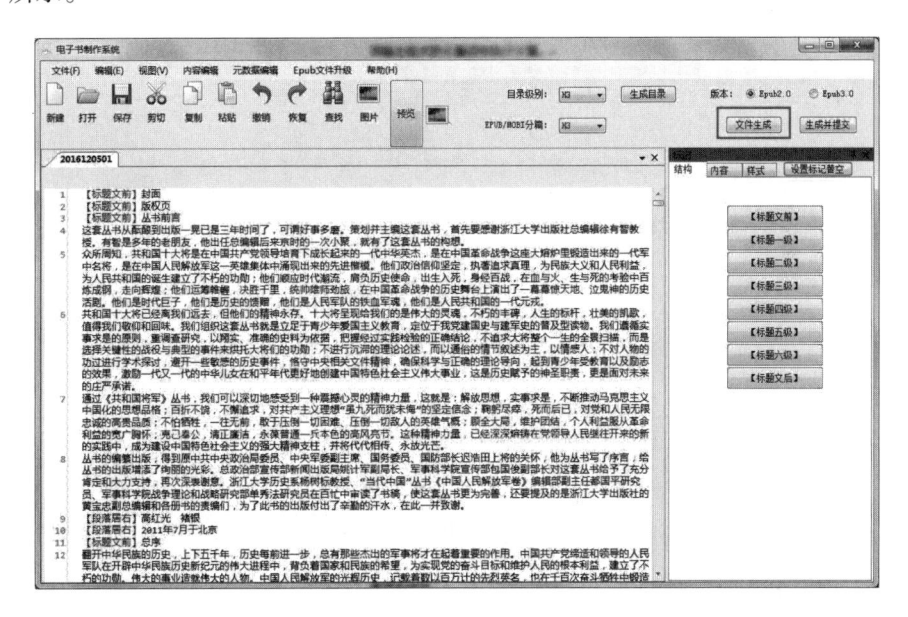

图2.16　文件生成

（3）生成并提交。选择相应的模板会显示相应的分篇，单击Epub/Mobi分篇的下拉按钮，选择输出目标格式的分篇级别，当项目生成时，系统将按照不同输出格式的分篇级别执行分篇。

单击"生成并提交"按钮，系统执行打包生成本地项目文件，并提交到数字资源管理系统中，如图2.17所示。

提交的信息文件将显示在数字资源管理系统中的资源管理—图书资源维护列表中。

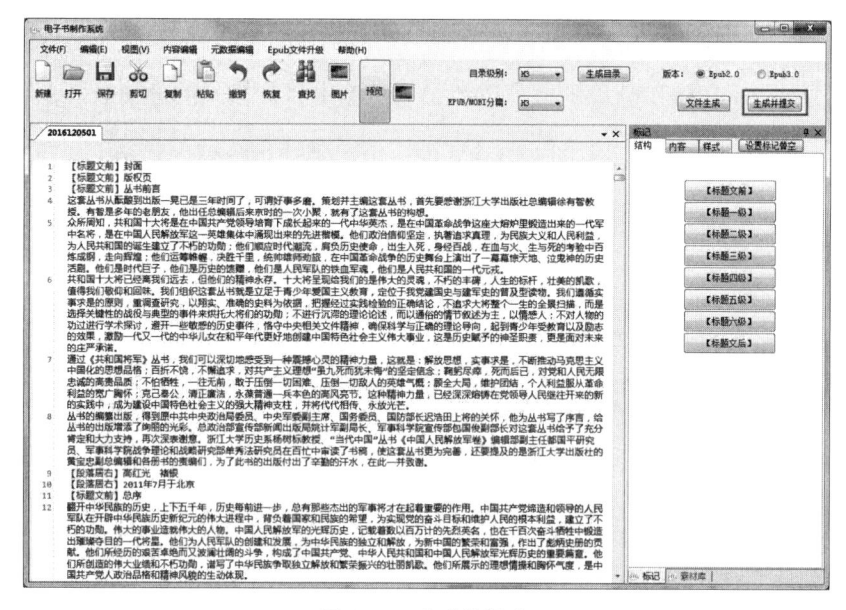

图2.17　生成并提交

2.3　数据库制作

数据库制作系统操作步骤与电子书制作系统相似（图2.18），二者仅在生成文件有区别，具体步骤参考2.2节。

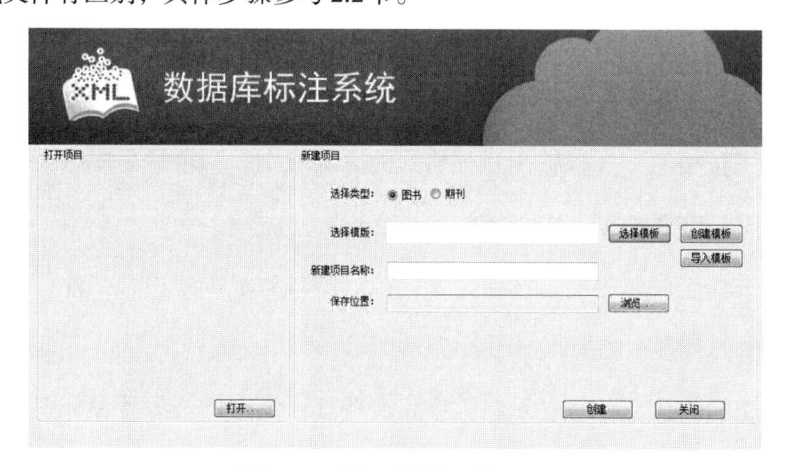

图2.18　数据库制作系统界面

2.3.1　创建项目

创建项目类型有两种：图书和期刊，选择类型和相应的模板类型，如图2.19所示。

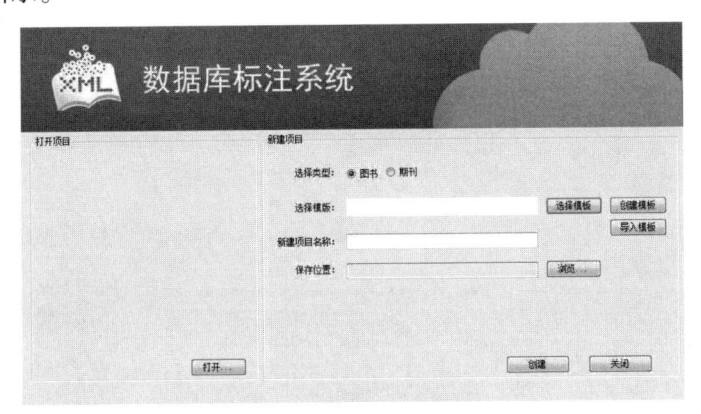

图2.19　选择模板类型

输入项目名称，选择项目保存路径，创建项目：该项目制作的素材、文本以及过程文件和生成的文件都将存放在该项目文件路径下。

图书和期刊的制作过程是一样的，不同之处就是"元数据编辑"→"资源平台信息"。

单击"创建"之后，数据库标注系统页面打开，也可在该页面新建项目，操作如下：单击菜单栏中的"文件"→"新建项目"或单击工具栏中的"新建"图标，这样就可以创建新项目。

2.3.2　文本、素材、标记

（1）添加文本。文本内容可以通过导入或手工录入文本，单击菜单栏中的"文件"→"导入文本"导入已有文本，或在文本编辑面板直接录入文本内容，如图2.20所示。

（2）添加素材。

①导入素材：通过文件菜单"文件"→"导入素材"选择批量导入或者单个导入图片、音频、视频，图片导入格式是.jpg、音频导入格式是.

mp3、视频导入格式是.mp4，导入的图片、音频、视频可以在素材库中看到。

②查看素材：通过菜单栏中的"视图"→"素材库"，勾选"素材库"并打开素材库面板。通过单击向上、向下按钮及图片、音频、视频的转换，可查看相应的素材资源，鼠标选中内容编辑面板内需要添加素材的位置，双击"素材"，可成功添加选择的素材到文本中，如图2.21所示。

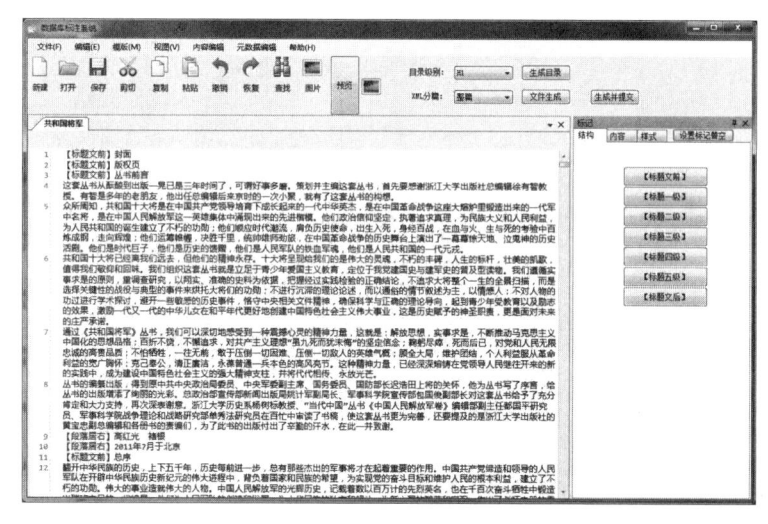

图2.20　数据库文本编辑面板

图2.21　查看素材库

(3）编辑文本。通过"编辑"菜单或者工具栏下复制、粘贴、剪切、删除、撤销等进行编辑，也可以通过相应的快捷键 Enter 换行、Ctrl+C 复制、Ctrl+V 粘贴进行编辑。

（4）添加标记。通过菜单"视图"→"标记"勾选并打开标记面板。鼠标选中内容编辑面板内需要添加标记的位置，单击"标记名称"，添加标记。如果需要删除标记，则在内容编辑面板内直接删除标记文字，如图2.22所示。

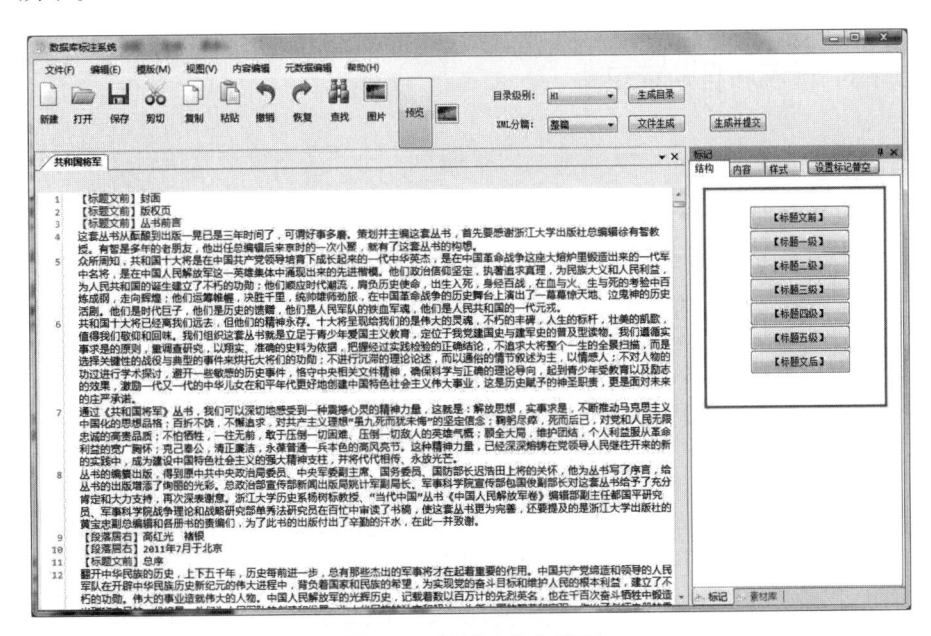

图2.22　数据库添加标记

（5）设置标记替空。通过右侧"标记"中，单击"设置标记替空"，替空标准有两种：第一种是替空标记显示，第二种是替空标记与被标记之间的内容，如图2.23所示。

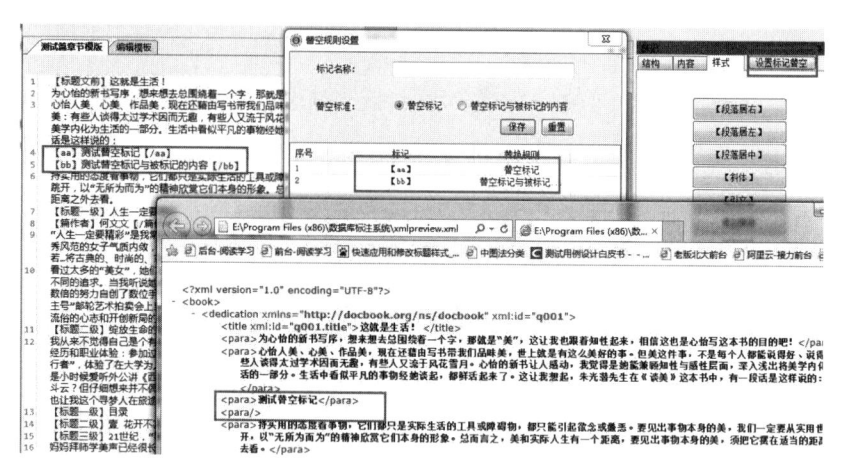

图2.23 设置标记替空

2.3.3 检测和自动标记

（1）文本检测。通过菜单"内容编辑"→"文本检测"执行文本标记匹配自动检测验证，如果检测无误，弹出提示框提示"文本检测无异常"，如图2.24所示。若检测有错误，弹出报错面板，显示错误列表和错误信息。标记修改后，需再次执行"文本检测"。

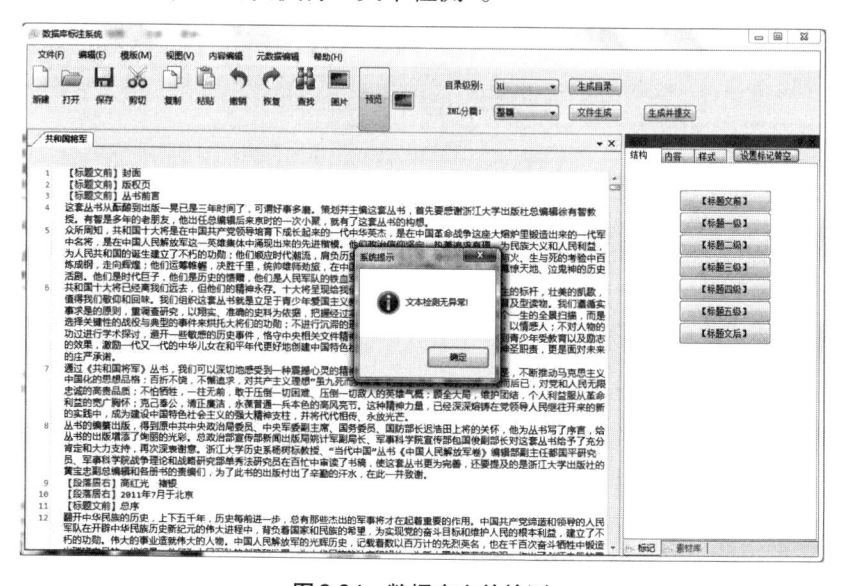

图2.24 数据库文件检测

（2）匹配检测。通过菜单"内容编辑"→"匹配检测"标记与素材自动匹配验证，并且检测是否存在空标记，如果检测无误，弹出提示框提示"匹配检测无误"。若检测有错误，弹出报错面板，显示错误列表和错误信息。错误修改后，需再次执行"匹配检测"，如图2.25所示。

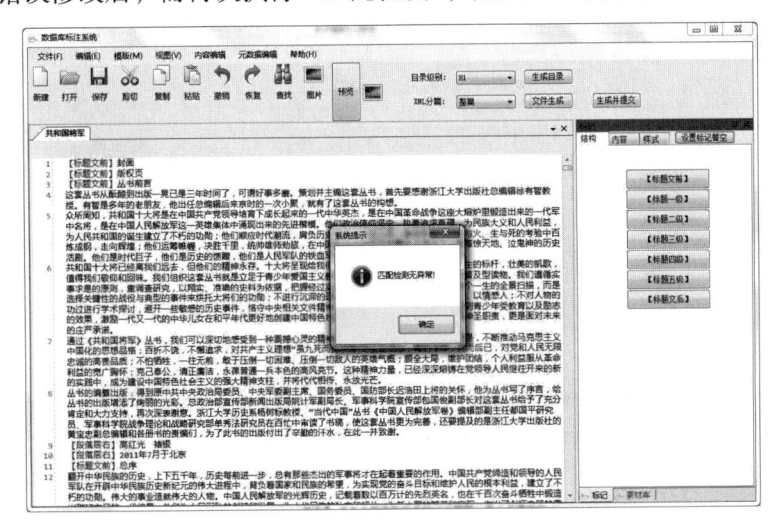

图2.25　数据库标注系统匹配检测

（3）目录自动标记。如果需要导入目录，通过菜单"内容编辑"→"目录自动标记"导入本地的目录文件，自动匹配验证，自动执行目录标记。

（4）自动标记内容块。如果需要标记内容块，通过菜单"内容编辑"→"自动标记内容块"标记内容块（例如，诗词标题、诗词译题和诗词需添加一个内容块），自动匹配验证，自动标记为内容块。

（5）撤销目录。如果需要撤销文本中标记的目录标记，通过单击菜单"内容编辑"→"撤销目录"，文本中所有的目录标记会撤销，用户可重新标记。

2.3.4　元数据编辑

（1）资源平台信息。通过菜单"元数据编辑"→"资源平台信息"，进入该项目资源信息填写界面，包括必填项：图书名称、所属分类、ISBN、作者、责任编辑、出版社名称、出版时间、机构、版次等；非必填项：丛书名称、定价、译者及简介等图书的所有信息，如图2.26所示。

图2.26 数据库标注系统内图书信息

（2）平台信息。通过菜单"元数据编辑"→"平台信息"，进入该项目平台信息填写界面，系统提供当当网、京东商城、九月网三大数字内容运营平台信息。可同时选择多个平台，可以选择单一分类或多个分类，如图2.27所示。

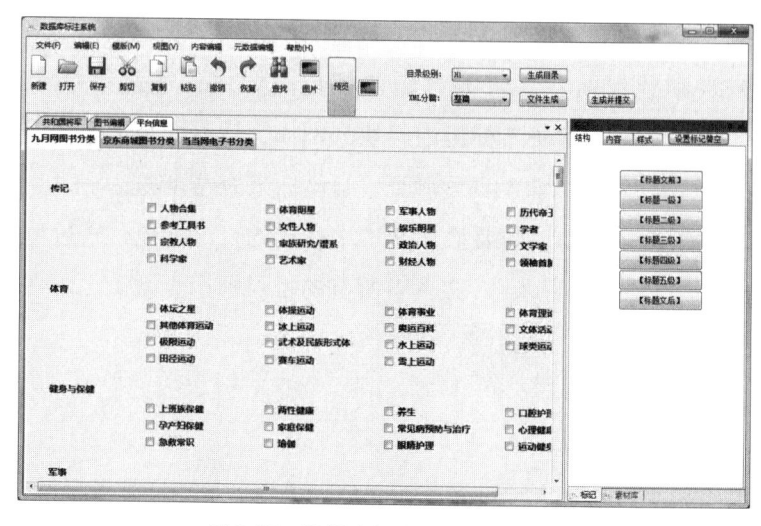

图2.27 数据库标注系统平台信息

(3)版权信息。通过菜单"元数据编辑"→"版权信息"进入该项目图书版权信息界面,包括电子版权信息的录入和原有版权信息的录入,如图2.28所示。

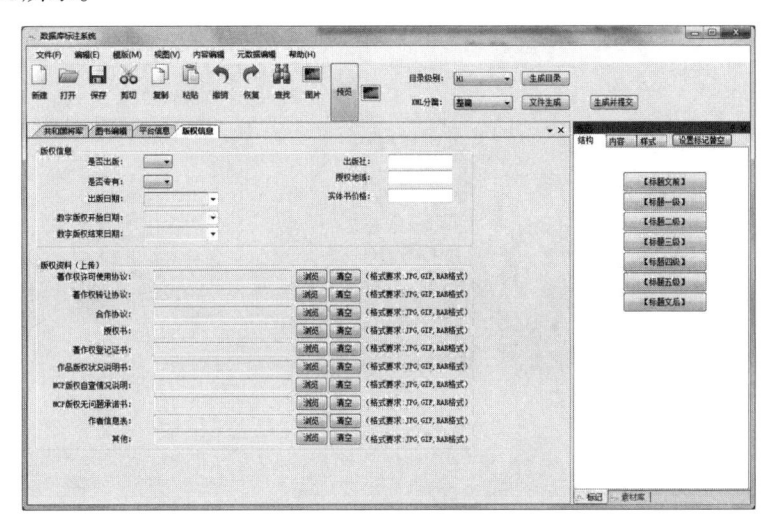

图2.28 数据库标注系统版权信息

版权信息需上传版权页的资料,限定JPG、GIF、RAR格式文件。

(4)添加封面。通过菜单"元数据编辑"→"添加封面",对该电子书添加电子书封面,图片格式要求为.jpg,如图2.29所示。

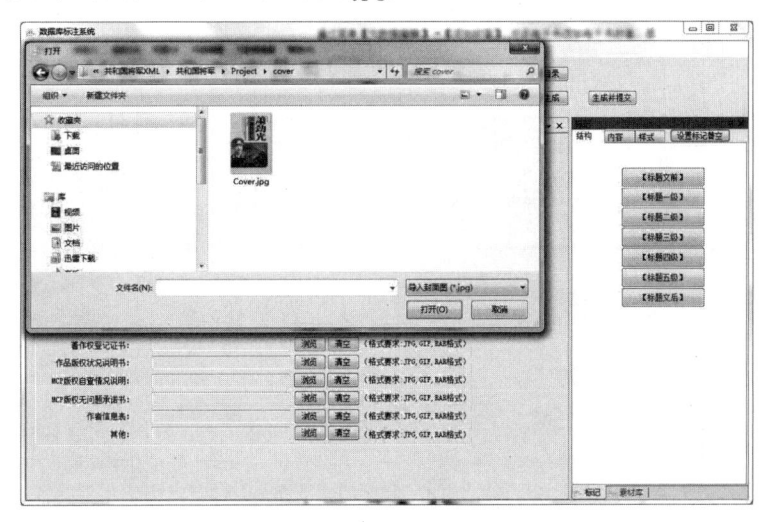

图2.29 数据库标注系统中添加封面

选择图片，添加封面后，弹出提示"添加封面成功"，单击图片按钮，显示添加的封面图片，修改封面，只需再次单击"添加封面"，添加新封面替换原来封面，鼠标放在，可查看封面，如图2.30所示。

图2.30　在数据库标注系统中查看封面

（5）预览。单击工具栏上的"预览"按钮，这里不需要再选择预览的模板，直接可以查看文件效果，如图2.31所示。

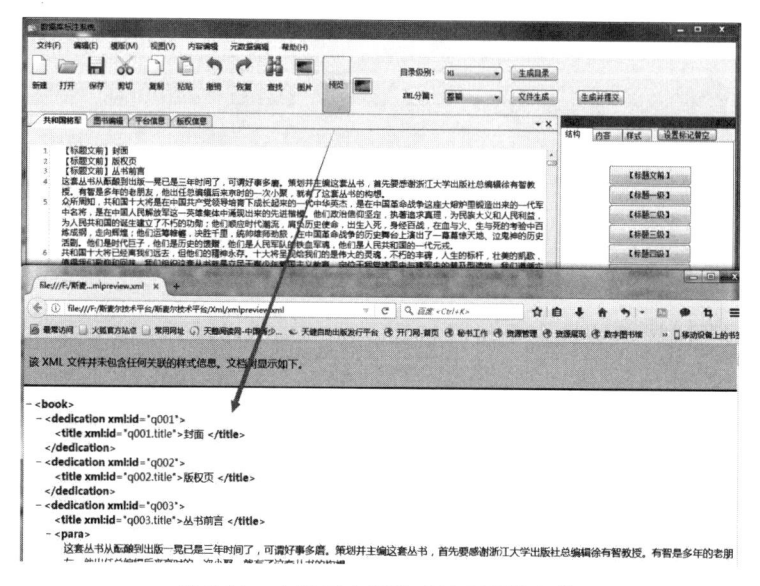

图2.31　在数据库标注系统中预览文件

2.3.5 生成和提交文件

(1) 生成目录。选择目录生成等级,单击"生成目录"按钮,系统按照选择的目录级别进行目录自动化生成,并出现在左侧目录面板内,如图2.32所示。

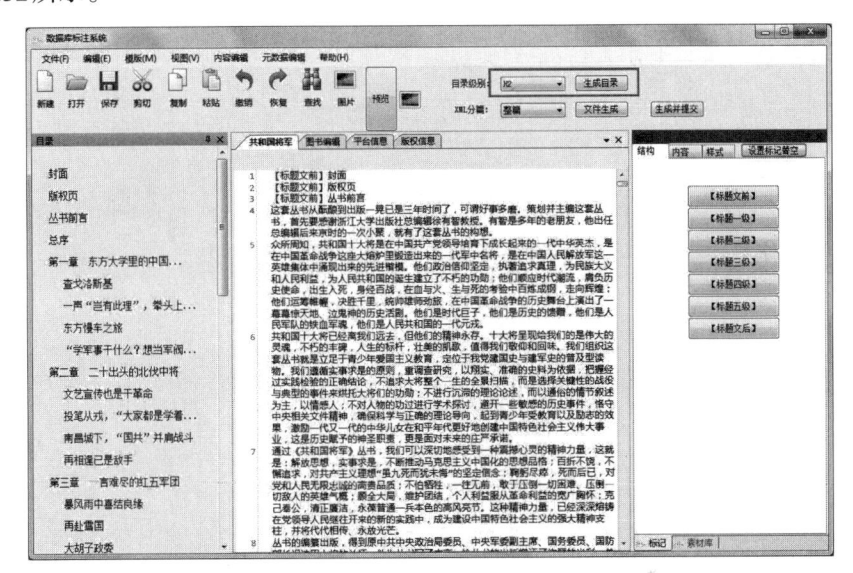

图2.32 数据库标注系统生成目录

生成的目录自动关联文本内容,单击相应目录,页面自动跳转至该章节或该段文字区域内。

(2) 生成文件。

①单击XML分篇下拉按钮,选择输出目标格式的分篇级别,当项目生成时,系统将按照不同输出格式的分篇级别执行分篇。

②单击"文件生成"按钮,系统执行打包生成本地项目文件,如图2.33所示。

(3) 生成并提交。

①单击XML分篇下拉按钮,选择输出目标格式的分篇级别,当项目生成时,系统将按照不同输出格式的分篇级别执行分篇。

②单击"生成并提交"按钮,系统执行打包生成本地项目文件,并提

交到数字资源管理系统中，如图2.34所示。

提交的信息显示在数字资源管理系统中的"资源管理"→"图书资源维护"中，如图2.35所示。

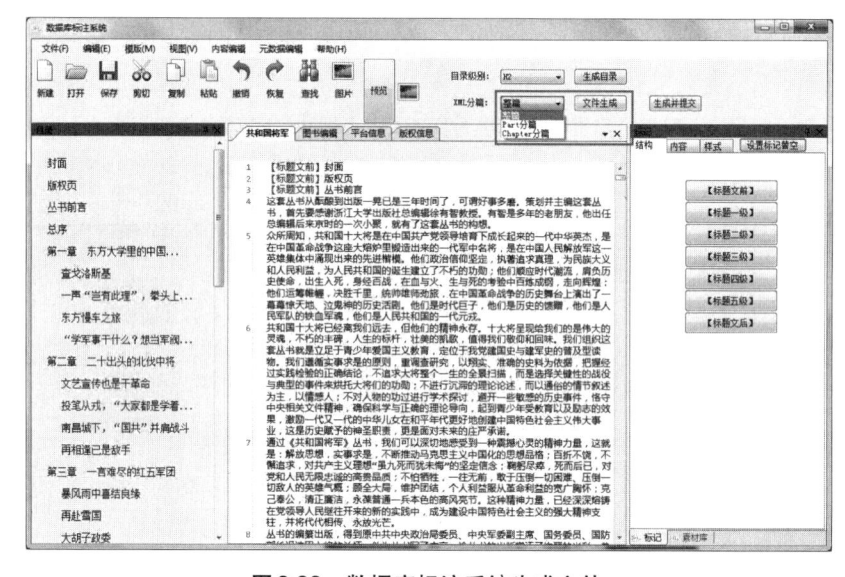

图2.33 数据库标注系统生成文件

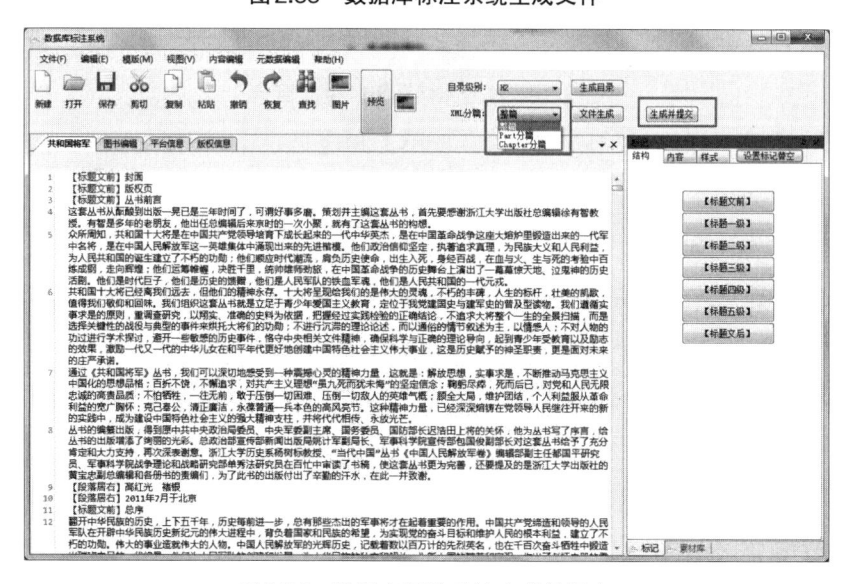

图2.34 数据库标注系统生成并提交

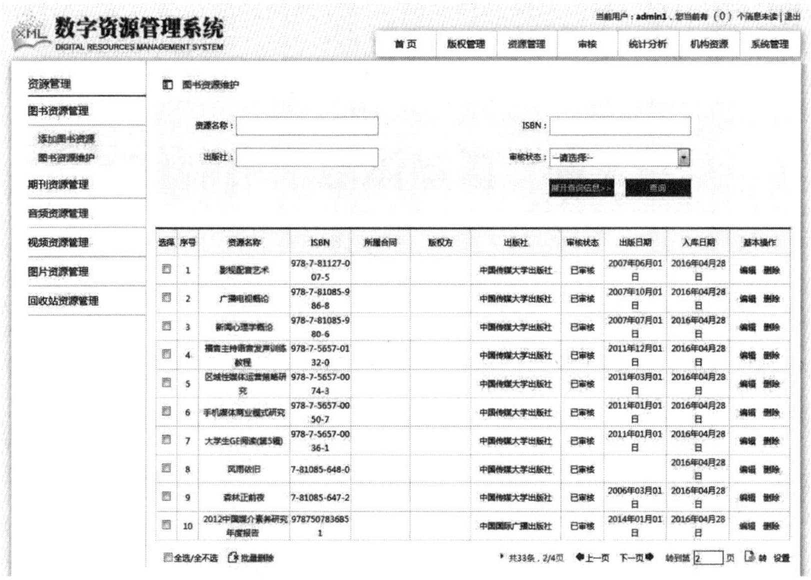
数字资源管理系统
DIGITAL RESOURCES MANAGEMENT SYSTEM
首 页
版权管理
资源管理
审核
统计分析
机构资源
系统管理
资源管理
图书资源管理
添加图书资源
图书资源维护
期刊资源管理
音频资源管理
视频资源管理
图片资源管理
回收站资源管理
图书资源维护
ISBN :
查询

图2.35　图书资源维护

第3章 富媒体电子书制作

3.1 概述

交互式电子书系统可以将文本电子化,通过阅读设备进行视觉化的阅读体验。新媒体技术的发展为电子书的革新提供了很多发展的契机,相比于传统的书籍,借助于各种平台出现了各式各样的交互电子书。

(1) 计算机上阅读的交互电子书。借助于众多阅读器通过计算机进行电子书的阅读,并且可以对这些阅读器进行对比和选择,还可以通过计算机的各种多媒体技术,很好地体验交互性,吸引读者的阅读兴趣。

(2) 便携式计算机平台交互电子书。便携式计算机设备轻便、易于携带,一般具有翻译字典、日历、查询等功能。用户可以在阅读过程中随时查阅所需信息,进行归纳和存储,并通过触摸相应的操作进行交互控制。

(3) 手机交互电子书。随着智能手机的普及和发展,更多的手机用户借助手机进行电子书的阅读。现在,有许多基于各种手机平台的交互电子书,结合各类手机阅读软件,让用户随时随地触控阅读体验。

目前市场上的交互式电子书系统,大致有拓鱼、睿泰、方正飞翔等交互式制作系统。本章节介绍以拓鱼为代表的交互式电子书系统。

拓鱼(Aquafadas)交互式电子系统集成在 InDesign 软件下,搭配时尚的模板,或者创建个性化布局。然后,添加互动元素,为用户创建一种身临其境的数字体验。最后,测试和发布内容。无须创建多个版本发布到终端设备和应用商店中。

3.2 AVE Project Manager 综述

AVE Project Manager 是 InDesign 插件下 Aquafadas 菜单中的一个界面，如图 3.1 所示。

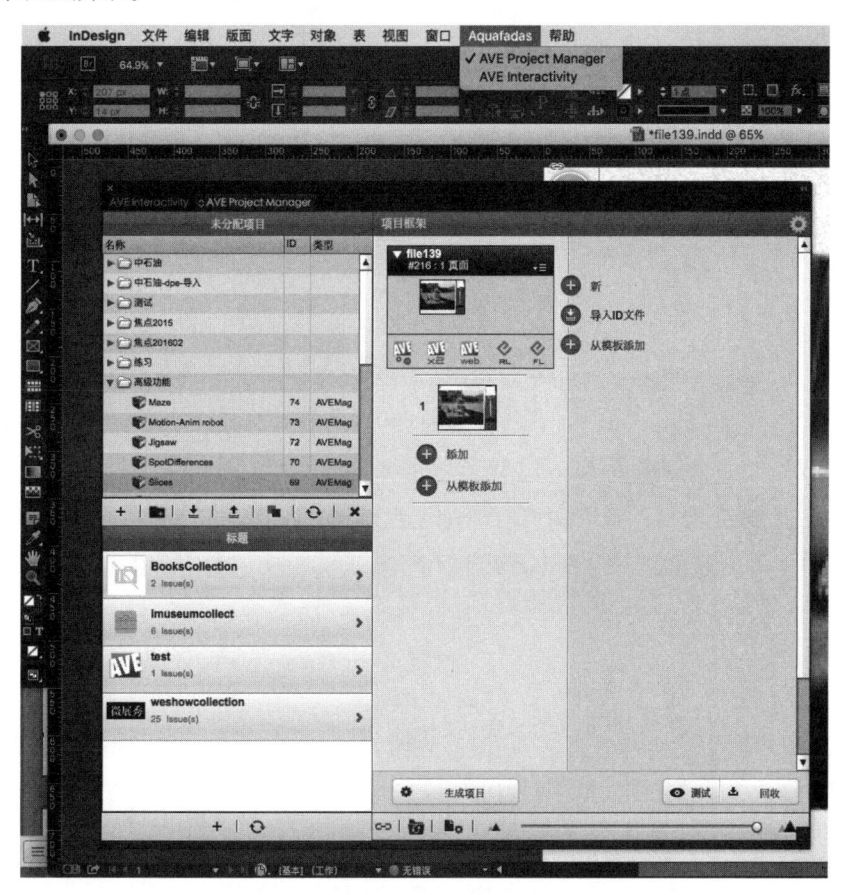

图 3.1　AVE Project Manager 界面

打开 AVE Project Manager 面板，如图 3.2 所示。

（1）单击 Aquafadas 菜单项。

（2）选择 AVE Project Manager。

（3）输入认证信息：电子邮件和密码。

(4)单击"线上工作"键(Go Online)。

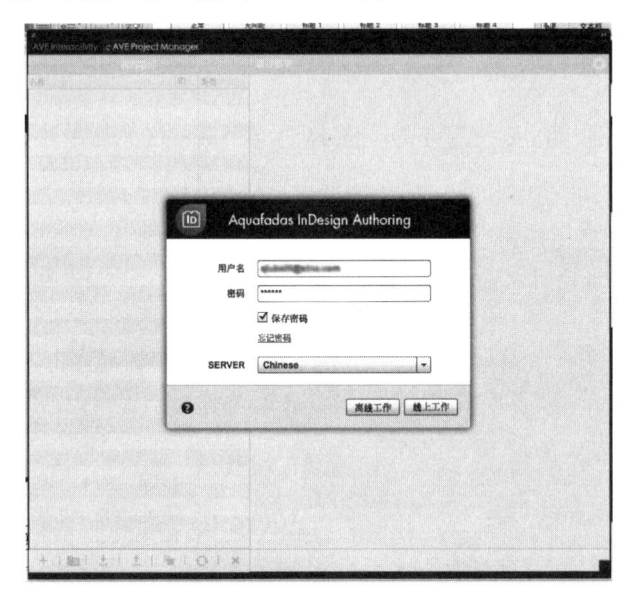

图 3.2 Aquafadas 菜单

所有已保存项目都显示在 AVE Project Manager 窗口左侧。

(5)选择项目,查看窗口右侧的项目结构,如图 3.3 所示。

图 3.3 项目结构

窗口右侧显示已选项目的Project Structure。每次改变项目列表中的选项时，Project Manager都将显示与项目相关的所有InDesign页面。

项目列表底部有一个工具栏，包含可应用于项目的以下指令：Create、Import、Export、Duplicate、Refresh和Delete（创建、导入、导出、复制、刷新和删除）。

上方的生成键有：Generate Project、Test和Retrieve（生成项目、测试和回收）键。

Project Structure下方有Relink Project Assets、Synchronize Project、Project Settings和Zoom（重新链接项目资源、同步项目、项目设置和缩放）键。

3.2.1 创建AVE PDF项目

创建新项目，查看Aquafadas数字发布系统的基本情况，如图3.4所示。

（1）单击项目列表下方的+键，弹出一个窗口。

（2）选择要创建的项目的类型：AVE Mag或AVE PDF。

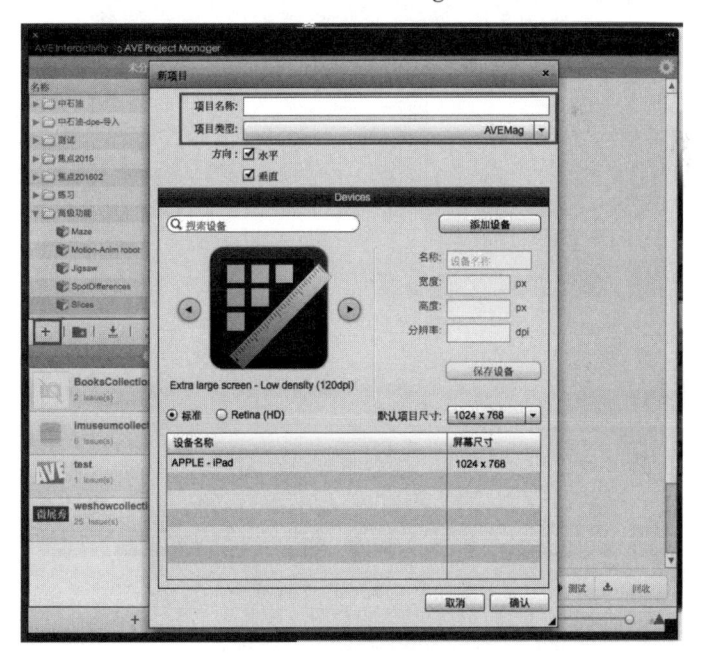

图3.4 数字发布系统

Aquafadas目前支持两种项目类型。

①AVE MAG：用户将从零开始或使用应用程序（用于测试）中的模板创建页面，这种项目的交互功能是最为丰富的。这种方式支持的当前页面大小为1024像素×768像素，适合iPad的横屏和竖屏模式。

②AVE PDF：使用这种类型的项目，用户可以导入现有InDesign文档，并将原文档生成/转换为数字格式。

选择AVE PDF项目，向用户显示这类项目允许的基本交互。

（3）单击弹出窗口中的OK键。

3.2.2　导入InDesign文档（用于打印）：AVE PDF

（1）导入现有文档。创建AVE PDF项目后，您的唯一选项是导入InDesign文档。

（2）单击"导入ID文件"键（Import ID File），如图3.5所示。

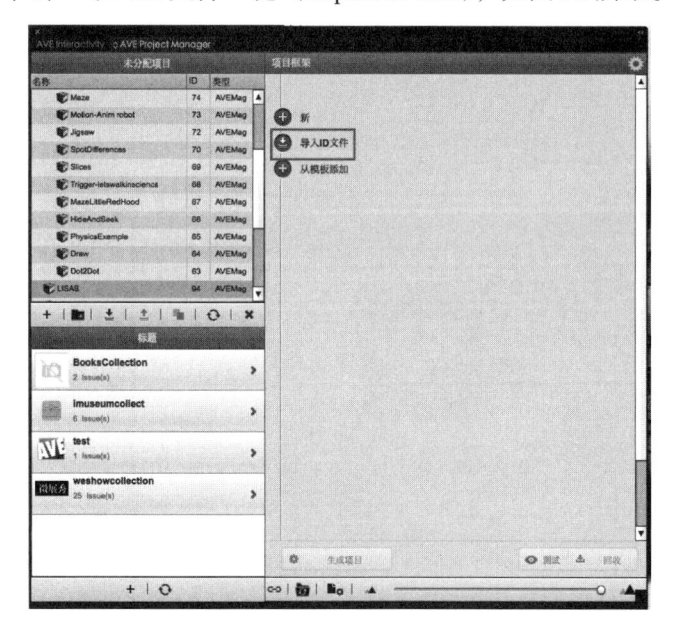

图3.5　导入ID文件界面

（3）选择InDesign文档（.indd文档），并单击"打开"键（Open），如图3.6所示。

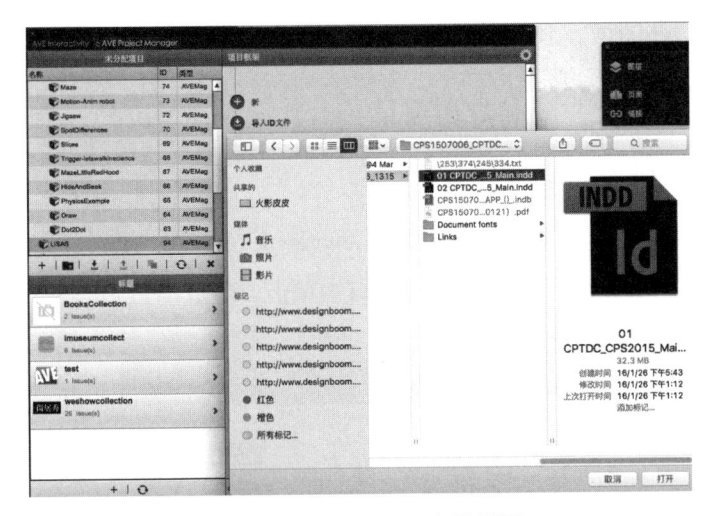

图3.6 打开InDesign文件界面

Project Manager将对用户的文档进行短暂处理,并在项目结构中显示页面缩略图,如图3.7所示。

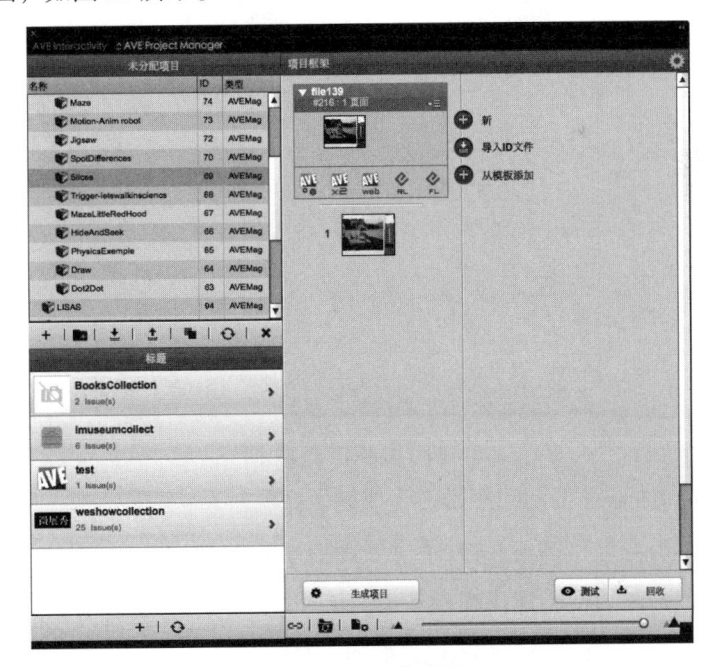

图3.7 页面缩略图

（4）每次导入后，重新链接导入项目中的图像，否则AVE插件将无法正确发布这些图像。

3.2.3　在设备上生成和导出项目

生成和导出项目如图3.8所示。

（1）单击"生成项目"菜单项（Generate Project）。

（2）选择设备类型，并在弹出窗口中单击"生成项目"。

图3.8　输出界面

Project Manager将询问您是否生成导入文章。

（3）单击"是"（Yes），并等待处理结束。

确认弹出对话框，建议在设备上测试。

（4）单击"测试"键（Test），如图3.9所示。

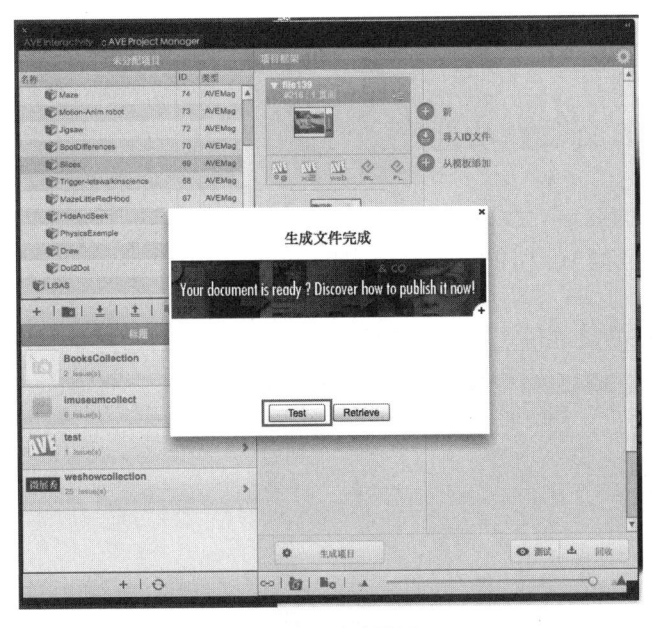

图3.9 测试界面

（5）选择设备，或选定新设备，然后填写"作者"（Author）和"编者"（Editor）栏，最后单击"发送"键（Send），如图3.10所示。

图3.10 发送界面

转换结束时，Aquafadas浏览器将显示用户出版物的缩略图。

3.3 AVE交互性功能

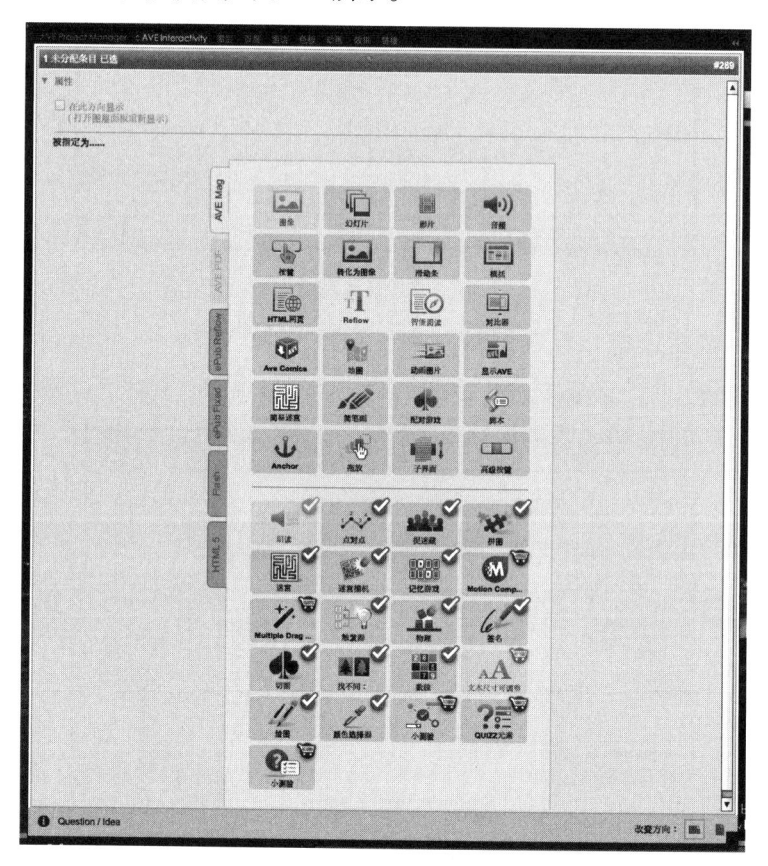

3.3.1 AVE MAG功能

AVE MAG功能模块如图3.11所示。

图3.11 AVE MAG功能模块

3.3.1.1 免费功能

图像：将图像添加到内容。若需全屏显示，添加Ken Burns动画效果等。

幻灯片（Slideshow）：挑选幻灯片，自动生成设备幻灯片。幻灯片只支持JPEG和PNG文件。

影像（Movie）：将影像添加到交互式文档。可将文件添加到用户的项目（会导致文件变大，并延长ZAVE的下载时间），或将文档和URL放到主机上，以便用户上网时可以播放影片。影像必须为MP4格式。

音频（Audio）：将音频添加到交互式文档，或者将音频文件放到服务器上。这意味着用户必须上网下载文件。

提示：如果不希望用户看到赋予该功能的默认音频图标，用户可以在提交前隐藏图层面板的可见功能。用户可以自定义设置"播放""暂停""停止"或"开关"键。

按键（Button）：添加按键，激活"阅读器"Reader、"层"Layer、"窗口（使用窗口选择器）"Frame（using frame picker）、或"窗口（使用窗口名称）"Frame（using frame name）的多重操作，如跳转页面、转到文章和打开弹窗等。

HTML网页（HTML Page）：将自定义HTML、CSS和JavaScript添加到最终ZAVE文档。

对比器（Comparator）：在同一图像窗口对比两张或多张图像文件。

Ave Comics：将AVE Comi文件添加到用户的AVE MAG布局中。意味着用户可以在一页阅读ZAVE文档，体验AVE Comics Composer定义的阅读体验。用户必须有授权版本的Comic Composer才能导入这一文件。

地图：用户可以用Google Maps确定在地图上的位置。用户也可以在地图上标注位置。用户可以分享他们的位置。也可以定义多个按键。

动画图片（Animated Image）：将帧格式的动画添加到交互式文档中。这些动画保存了单独的JPEG或PNG文件，PNG支持透明。

Show AVE：把ZAVE文件放入其他ZAVE文件中。意味着用户可以使文件不显示在导航中。用户可以将游戏或其他InDesign文章集保存为独立的ZAVE文件，并用该功能建立链接。

简易迷宫（Maze）：免费版的Maze游戏。它不包含实际Maze游戏的全部功能。在这个游戏中，用户可以定义迷宫、光标、起点、终点和祝贺窗口。

简笔画（Draw）：简笔画（Draw）功能的免费版本。它不包含完整版的全部功能。在此游戏中，用户可以自定义画什么，并对颜色进行设置。用户可以在内容中添加颜色和图画。

配对游戏（Slice）：这是免费版的配对（Slice）游戏。这是一款简单的配对游戏，模型显示在屏幕右上角。用户必须单击图块，尝试使图块与模型吻合。完整版的配对游戏可以计时，包含许多游戏等级和不同模式，并且可以记录得分。

脚本：用户可以用单一指令发起多项操作。这对需要一系列重复指令的交互活动尤其有用。

锚点：可以有多种使用方式。用户可以在已激活的（可见的）子界面（Sublayout）中设置锚点，隐藏或显示 InDesign 页面上的层。

拖放：这是基于迷宫（Maze）游戏的免费功能。用户可以在屏幕上拖动任何目标。当图标到达指定位置（Action Area）时，活动开始。

子界面（Sublayout）：用于可滚动窗口。在 InDesign 文件中添加 InDesign 文件完成。在选择添加了 InDesign 文件的窗口之前，该功能处于 Grayed-out 状态。可滚动子界面窗口，既能沿垂直方向滚动，也可沿水平方向滚动。这意味着用户可以输入文本，插入图像。用户还可以设计动画效果。图像可以从文件边缘水平滑出。子界面（Sublayout）还允许用户在 Sublayout 中设计多页 InDesign 文件。

高级按键：用户可以添加单选按键，赋予不同的操作功能，如跳转页面、转到文章、打开弹窗等。

3.3.1.2 付费交互功能

朗读：放置音频（提前录制的 MP3 格式）和对应的文本。读者在阅读高亮显示的文字和收听朗读的文本时，文本将同步高亮显示。高亮显示的文本文件必须用"iKaraoke Tune Prompter"免费 APP 制作，并使用该功能添加这些文件。

点对点（Dot2Dot）：用户可以创建连续的点，用来表现形状和文字等。

捉迷藏（Hide and Seek）：找出隐藏在图像中的指定元素。

拼图（Jigsaw）：重新创建拼图。

迷宫（Maze）：用户可以创建复杂的迷宫游戏，如几个角色、操作、添加陷阱等。

迷宫撞击（Maze Collider）：创建类似的Maze功能，通过"移动"设备增加移动角色的可能性。

记忆游戏（Memory）：创建记忆游戏功能。

Motion Composer：添加Motion Composer文件，显示Flash或HTML动画，并在Motion Composer和InDesign文件之间建立动作，如跳转页面、显示隐藏元素、播放音频等。

Multiple Drag & Drop：移动在内容中的几个对象，把它们叠放在其他对象上创建操作，如显示弹窗和跳转页面等。

触发器（Trigger）：所有的触发器激活后，激活一个或多个操作。触发器可以任何顺序激活，但只有全部激活后，主激发器的功能才可操作。

物理（Physics）：添加对象属性，模拟物理定律，如坠落、碰撞、移动等。

签名（Signature）：创建数字签名。

切割（Slice）：创建类似Matching游戏，但是更复杂，如不同的复杂等级和多个栏目。

找不同（Spot Difference）：找出两个图像的不同之处。

数独（Sudoku）：添加"数独"（Sudoku）功能。

可调整大小的文本（Resizable text）：放大/缩小文本。

绘图（Draw）：用户可以绘制复杂的图像，如多图像、不同铅笔尺寸等。

颜色拾取器（Color Picker）：与绘图功能搭配使用，用户可以选择图画的颜色。

预设测验（Preset Quiz）：在HTML视图中填写事先定义的布局提问。

测验要素（Quiz element）：可以创建并定义关于Setup提问的问题。

设置测验（Setup Quiz）：用户可以定义提问要素的参数。

3.3.2　AVE PDF功能

AVE PDF的功能模块如图3.12所示。

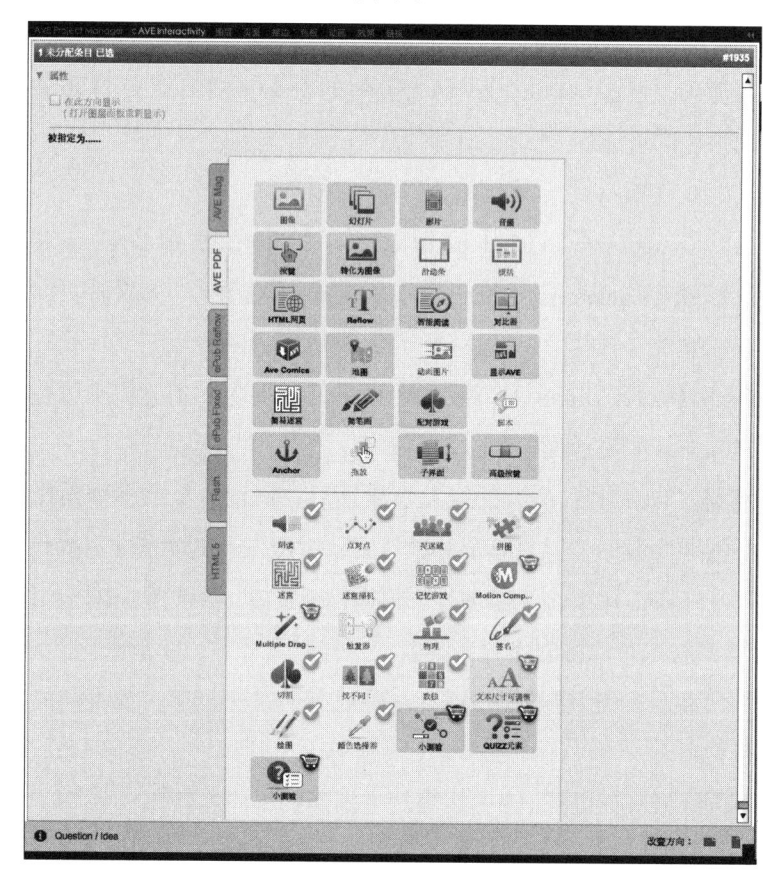

图3.12　AVE PDF功能模块

提示：

灰色的功能在当前显示格式下不可用。浅蓝色的功能可用，用户需要在InDesign中为指定对象添加交互功能。

（1）免费功能：

①图像（Picture）。

②幻灯片（Slideshow）。

③影片（Movie）。

④音频（Audio）。

⑤按键（Button）。

⑥HTML网页（HTML Page）。

⑦Reflow：用户可以使用设备单击故事，故事将在另一页打开，读者可以在其他布局之外阅读故事。对于读者来说，操作更加方便，因为他们不需要跳转到其他连续或非连续页面。

⑧智能阅读（Smart）：只适用于 AVE PDF 格式。用户使用 AVE PDF 格式，当设备垂直时，用户将看到一页；当设备水平时，页面将扩展。

⑨对比器（Comparator）。

⑩AVE漫画（AVE Comics）。

⑪地图（Map）。

⑫显示 AVE（Show AVE）。

⑬简单迷宫（Maze）。

⑭简笔画（Draw）。

⑮配对游戏（Slice）。

⑯锚点（Anchor）。

⑰子界面（Sublayout）。

⑱高级按键（Advanced Button）。

（2）付费交互功能：

①预设测验（Preset Quiz）。

②测验要素（Quiz Element）。

③设置测验（Setup Quiz）。

3.3.3　ePub 固定功能

ePub 固定功能模块如图 3.13 所示。

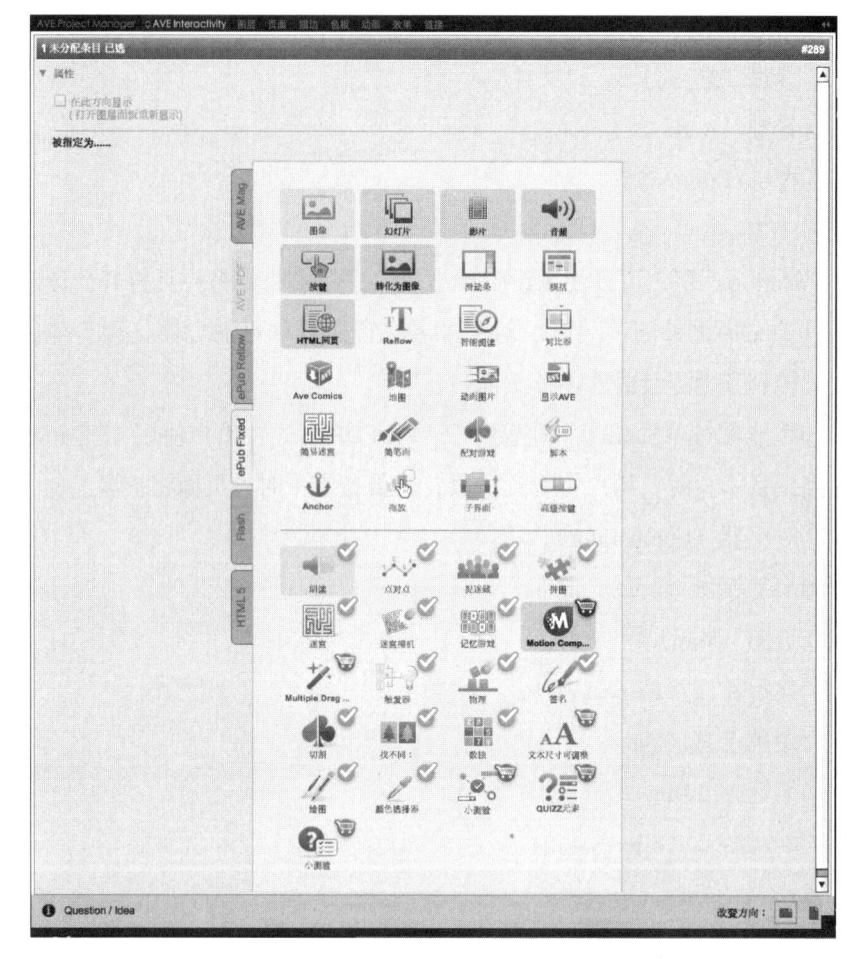

图3.13 ePub固定功能模块

（1）免费功能：图像（Picture）、幻灯片（Slideshow）、影片（Movie）、音频（Audio）、按键（Button）、HTML网页（HTML Page）。

（2）付费交互功能：Motion Composer。

3.3.4 HTML5功能

HTML5功能模块如图3.14所示。

免费功能：图像、幻灯片、影片、音频、按键、HTML网页、智能（Smart）、动画图片（Animated Image）、子界面（Sublayout）。

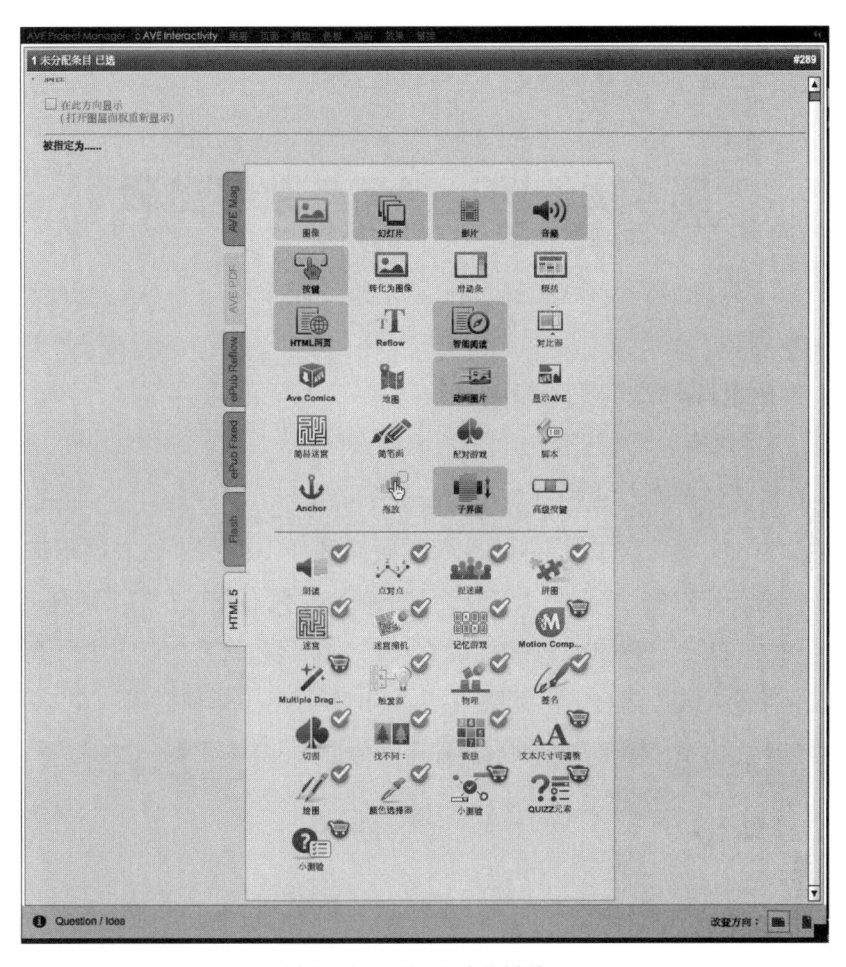

图3.14　HTML5功能模块

第4章 VR、AR与数字出版

4.1 虚拟现实与数字出版

在世界范围内,虚拟现实早就照进了传统行业。2016年,CES官方提供的数据显示,相比2015年,今年的游戏和虚拟现实展区总面积扩大了77%。虚拟现实被很多业内人士认为是下一个时代的交互方式。目前,基于虚拟现实(Virtual Reality,VR)的交互仍在探索和研究中,与各种高科技的结合将会使VR交互产生无限可能。VR不会存在一种通用的交互手段,它的交互要比平面图形交互拥有更加丰富的形式。

4.1.1 概述

4.1.1.1 虚拟现实概念

虚拟现实技术产生于20世纪60年代,是由美国VPL公司创建人拉尼尔(Jaron Lanier)在20世纪80年代初提出的。虚拟现实,即利用计算机技术模拟产生三维的虚拟世界,让使用者及时、没有限制地感知虚拟空间内的事物,虚拟现实是一种可以创建和体验虚拟世界的计算机系统,它利用计算机技术生成一个逼真的,具有视、听、触、嗅、味觉等多种感知的虚拟环境,用户通过使用各种交互设备,同虚拟环境中的实体相互作用,从而产生身临其境感觉的交互式视景仿真和信息交流,是一种先进的数字化人机接口技术。

通过前面的分析,我们可以看出:虚拟现实概念包含环境、主动式交互、沉浸感三层含义。

（1）环境：虚拟现实强调环境，而不是数据和信息。

（2）主动式交互：虚拟现实强调的交互方式是通过专业的传感设备来实现的，改进了传统的人机接口形式。虚拟现实人机接口完全面向用户来设计，用户可以通过在真实世界中的行为干预虚拟环境。

（3）沉浸感：VR通过相关的设备，采用逼真的感知和自然的动作，使人仿佛置身于真实世界，消除了人的枯燥、生硬和被动的感觉，大大提高工作效率。

4.1.1.2　虚拟现实技术的3I特征

我们得出如图4.1所示的3I特征，Interaction（交互性）、Immersion（沉浸感）、Imagination（想象力）。

图4.1　3I特征

（1）交互性，是指用户感知与操作环境。主要是指用户通过使用专门的输入和输出设备，用人类的自然技能对模拟环境内物体的可操作程度和从环境得到反馈的自然程度。虚拟现实系统强调人与虚拟世界之间以近乎自然的方式进行交互。即不仅用户通过传统设备（键盘和鼠标等）和传感设备（特殊头盔、数据手套等），使用自身的语言、身体的运动等自然技能，对虚拟环境中的对象进行操作。而且计算机能够根据用户的头、手、眼、语言及身体的运动来调整系统呈现的图像及声音。

（2）沉浸感，是指逼真的、身临其境的感觉。"沉浸感"又称"临场感"，是虚拟现实最重要的技术特征，是指用户借助交互设备和自身感知觉系统，置身于模拟环境中的真实程度。理想的模拟环境应该使用户难以分辨真假，使用户全身心地投入到计算机创建的三维虚拟环境中，该环境中的一切看上去是真的，听上去是真的，动起来是真的，甚至闻起来、尝起来等一切感觉都是真的，如同在现实世界中一样。

（3）想象力，又称创造性，是虚拟世界的起点。想象力使设计者构思和设计虚拟世界，并体现出设计者的创造思想。所以，虚拟现实系统是设计者借助虚拟现实技术，发挥其想象力和创造性而设计的。比如建造一座现代化的桥梁之前，设计师要对其结构做细致的构思。

4.1.1.3　虚拟现实技术与三维动画技术的异同

VR技术和三维动画技术有本质的区别：三维动画技术是依靠计算机预先处理好的路径上所能看见的静止照片连续播放而形成的，不具有任何交互性，即不是用户想看什么地方就能看到什么地方，用户只能按照设计师预先固定好的一条线路去看某些场景，它给用户提供的信息很少或不是所需的，用户是被动的；而VR技术则截然不同，它通过计算机实时计算场景，根据用户的需要把整个空间中所有的信息真实地提供给用户，用户可依自己的路线行走，计算机会产生相应的场景，真正做到"想得到，就看得到"。所以说交互性是两者最大的不同。有关VR技术与三维动画技术的比较见表4.1。

表4.1　VR技术与三维动画技术的比较

比较项目	VR技术	三维动画技术
科学性及场景的选择性	虚拟世界基于真实数据建立的模型组合而成，属于科学仿真系统。操纵者亲身体验三维空间，可自由选择观察路径，有身临其境的感觉	场景画面根据材料或想象直接绘制而与真实的世界和数据有较大的差距，属于演示类艺术作品。只能按预先假定的观察路径观看
实时交互性	操纵者可以实时感受到运动带来的场景变化，具有双向互动的功能	只能单向演示，场景变化的画面需要事先制作生成
空间立体感	支持立体显示和三维立体声，具有三维空间真实感	不支持
演示时间	没有时间限制，可真实详尽的展示，性价比高	受动画制作时间限制，无法详尽展示，性价比低
方案应用的灵活性	支持方案调整、评估、管理、信息查询等功能，同时又具有更真实直观的演示功能	只具有简单的演示功能

4.1.2 虚拟现实系统的组成及分类

4.1.2.1 虚拟现实系统的构成

一个典型的VR系统主要由计算机软、硬件系统（包括VR软件和VR环境数据库）和VR输入、输出设备等组成。其运行过程大致为：参与者首先激活头盔、手套和话筒等输入设备为计算机提供输入信号，虚拟现实软件收到由跟踪器和传感器送来的输入信号后加以解释，然后对虚拟环境数据库作必要的更新，调整当前的虚拟环境场景，并将这一新视点下的三维视觉图像及其他（如声音、触觉、力反馈等）信息立即传送给相应的输出设备（头盔显示器、耳机、数据手套等），以便参与者及时获得多种感官上的虚拟效果。典型虚拟现实系统的结构框图如图4.2所示。

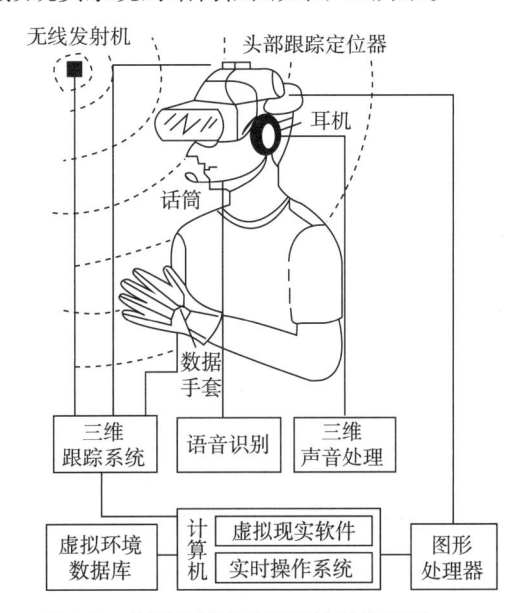

图4.2 典型虚拟现实系统的结构框图

4.1.2.2 虚拟现实系统的分类

在实际应用中，我们常根据虚拟现实技术对沉浸程度的高低和用户交互程度的不同，把虚拟现实系统划分为4种典型类型：桌面式虚拟现实系统（Desktop VR）、沉浸式虚拟现实系统（Immersive VR）、分布式虚拟现实系统（Distributed VR）、增强现实虚拟现实系统（Augmented Reality VR）。

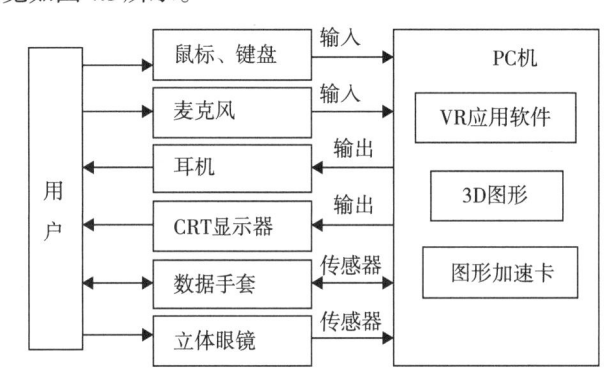

1.桌面式虚拟现实系统

桌面式虚拟现实系统仅使用个人计算机和低级工作站，把计算机屏幕作为参与者观察虚拟环境的窗口，使用简单的外部设备（如鼠标、力矩球、立体眼镜等）来驾驭虚拟环境和操纵虚拟物体。使用者通过计算机屏幕观察360度范围内的虚拟境界，并操纵其中的物体。

操作过程：用户的视觉、听觉和其他感觉首先被封闭起来，并提供一个新的、虚拟的感觉空间，利用空间位置跟踪器、数据手套、三维鼠标等输入设备和视觉、听觉等设备，使用户产生一种身临其境、完全投入和沉浸于其中的感觉如图4.3所示。

图4.3 桌面式虚拟现实系统组成

桌面式虚拟现实系统主要有以下3个特点，如图4.4所示。

（1）用户处于不完全沉浸的环境，缺乏完全沉浸、身临其境的感觉，即使戴上立体眼镜，参与者仍会受到周围现实环境的干扰。

（2）对硬件设备的要求极低，有的简单到甚至只需要计算机，或是增加数据手套、空间跟踪设备等。

（3）通过相对简单的技术和低成本装备产生较真实的效果，其应用面广，易于普及，而且也具备了沉浸式虚拟现实系统的一些技术要求。

图4.4　桌面式虚拟现实系统

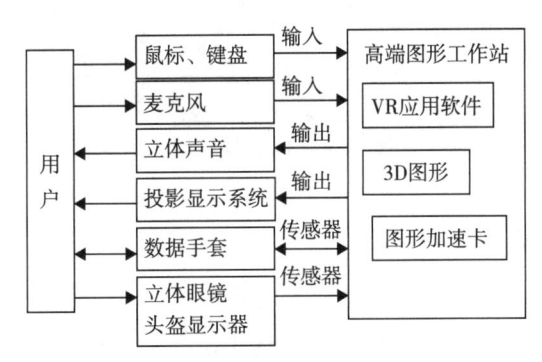

2.沉浸式虚拟现实系统

沉浸式虚拟现实系统是一种高级的、较理想的虚拟现实系统。它提供了一个完全沉浸的体验，使用户有一种仿佛置身于真实世界之中的感觉。它主要利用头盔式显示器HMD等设备，把参与者的视觉、听觉和其他感觉封闭在设计好的虚拟现实空间中，利用声音、位置跟踪器、数据手套和其他手控输入设备使参与者产生一种身临其境、全心投入的感觉如图4.5所示。

图4.5　沉浸式虚拟现实系统结构图

沉浸式虚拟现实系统主要有以下5个特点，如图4.6所示。

（1）具有高度实时性能。沉浸式虚拟现实系统中，要达到与真实世界相同的感觉，必须要有高度实时性能。如用户头部转动改变观察视点时，跟踪设备必须及时检测到，由计算机计算并输出相应的场景，同时要求必须有足够小的延迟，且变化要连续平滑。

（2）具有高度的沉浸感。沉浸式虚拟现实系统采用多种输入与输出设备来营造一个虚拟的世界，使用户沉浸于其中，产生一个看起来、听起来、摸起来都是真实的虚拟世界，同时要求具有高度的沉浸感，使用户与真实世界完全隔离，不受外面真实世界的影响。

（3）具有良好的系统集成度与整合性能。为了实现用户产生全方位的沉浸感，就必须要有多种设备与多种相关软件技术相互作用，且相互之间不能有影响，所以系统必须有良好的系统集成度与整合性能。

（4）具有良好的开放性。在沉浸式虚拟现实系统中，要尽可能利用最新的硬件设备、软件技术及软件，这就要求虚拟现实系统能方便地改进硬件设备、软件技术，因此必须使用比以往更灵活的方式构造系统的软硬件结构体系。

（5）能支持多种输入与输出设备并行工作。为了实现用户产生全方位的沉浸感，可能需要多种设备综合应用，并保持同步工作，所以支持多种输入与输出设备并行处理是虚拟现实系统的一项必备技术。

图4.6　沉浸式虚拟现实系统

3.分布式虚拟现实系统

分布式虚拟现实系统是一个基于网络的可供地理上相互独立的多个用户同时参与的分布式虚拟环境。在这个系统中，位于不同地理环境位置的多个用户或多个虚拟环境通过网络相连接，或多个用户同时参加一个虚拟现实环境，通过计算机与其他用户进行交互，共同分享一个虚拟空间，一起体验虚拟经历。

在分布式虚拟现实系统中，多个用户可通过网络对同一虚拟世界进行观察和操作，以达到协同工作的目的。它有4个基本组成部分：图形显示器、通信和控制设备、处理系统和数据网络。根据分布式虚拟现实系统运行的共享应用系统的个数,可分为集中式结构和复式结构两种。

分布式虚拟现实系统主要有以下5个特点。

(1) 各用户具有共享的虚拟工作空间。

(2) 伪实体的行为真实感。

(3) 支持实时交互,共享时钟。

(4) 多个用户可以各自不同的方式相互通信。

(5) 资源信息共享以及允许用户自然操纵虚拟世界中的对象。

4.增强现实虚拟现实系统

增强现实虚拟现实系统是将用户看到的真实环境和计算机所产生的虚拟现实景象融合起来的一种技术,具有虚实结合、实时交互的特点。与传统的虚拟现实系统不同,增强现实虚拟现实系统主要是在已有的真实世界的基础上,为用户提供一种复合的视觉效果。当用户在真实场景中移动时,虚拟物体也随之变化,使虚拟物体与真实环境完美结合,既可以减少生成复杂实验环境的开销,又便于对虚拟试验环境中的物体进行操作,真正达到亦真亦幻的境界。增强现实虚拟现实系统是今后的技术发展方向之一。

常见的增强现实虚拟现实系统有基于台式图形显示器的系统、基于单眼显示器的系统(一只眼看显示屏上的虚拟世界,另一只眼看真实世界)、基于光学透视式头盔显示器的系统、基于视频透视式头盔显示器的系统等。

增强现实虚拟现实系统主要有以下3个特点。

(1) 真实世界和虚拟世界融为一体。

(2) 具有实时人机交互功能。

(3) 真实世界和虚拟世界在三维空间中整合。

4.1.3　虚拟现实技术发展历史

虚拟现实作为一种技术,真正谈它的历史还得从20世纪初开始,大致分为6个阶段,不同的阶段夹杂着不同的内容。

4.1.3.1 第一阶段（20世纪60年代以前）：模糊幻想阶段

关于"虚拟现实"这个词的起源，目前最早可以追溯到1938年法国剧作家知名著作《戏剧及其重影》，在这本书里阿尔托将剧院描述为"虚拟现实"（la réalité virtuelle）。到了1973年，Myron Krurger开始提出"Virtual Reality"的概念。但牛津词典列举的最早使用是在1987年的一篇题为"Virtual Reality"但与今天的虚拟现实没有太大关系的文章。上面这些都有待考证，目前公认的现在所说的"虚拟现实"（Virtual Reality），是由美国VPL公司创建人拉尼尔（Jaron Lanier）在20世纪80年代提出的，也叫灵境技术或人工环境。

4.1.3.2 第二阶段（20世纪60年代）：萌芽发展阶段

有资料显示，1956年具有多感官体验的立体电影系统Sensorama就被开发。但目前的多方面资料认为，莫顿·海利希（Morton Heilig）是在1960年才获得Telesphere Mask专利的，这个专利图片看起来跟今天的VR头盔显示器差不多。到了1967年，Morton Heilig才构造了一个多感知仿环境的虚拟现实系统，这套被称为Sensorama Simulator的系统也是历史上第一套VR系统，如图4.7所示。

图4.7 立体电影系统Sensorama

1963年，未来学家Hugo Gernsback在Life杂志的一篇文章中探讨了他的发明——Teleyeglasses：据说这是他在30年以前所构思的一款头戴式的电视收看设备。使得VR设备有了更加具体的名字：Teleyeglasses，这个再造词的意思是这款设备由电视+眼睛+眼镜组成，离今天所说的VR技术差别还有点大，但已经埋下了这个领域的种子。到了1965年，美国科学家Lvan-Sutherland提出感觉真实、交互真实的人机协作新理论，不久之后，美国空军开始用虚拟现实技术来做飞行模拟，如图4.8所示。

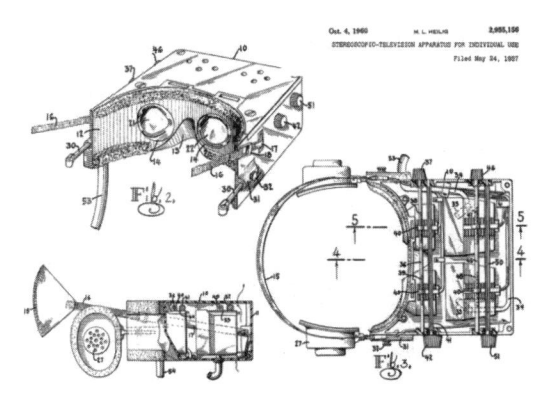

图4.8　Teleyeglasses专利照片

随后为了实践自己的理论，LvanSutherland在1968年研发出视觉沉浸的头盔式立体显示器和头部位置跟踪系统，同时在第二年开发了一款终极显示器——达摩克利斯之剑（Sutherland），如图4.9所示。

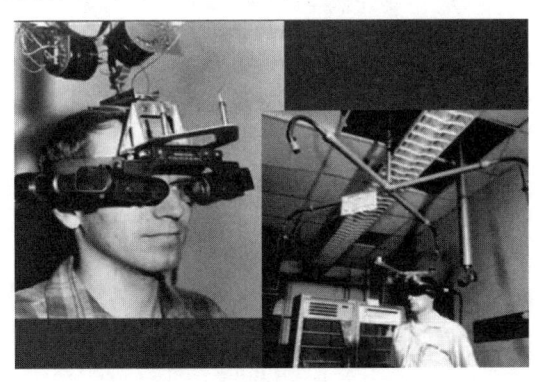

图4.9　达摩克利斯之剑

从图4.9可以看出，达摩克利斯之剑跟今天的VR设备很像，但受制于当时的大环境，这个东西跟前面两位的发明一样，都分量十足，要链接的外部配件特别多。但不管怎样，经过这几个人的努力，VR终于从科幻小说走出来，面向现实，并开始出现了实物的雏形。

4.1.3.3 第三阶段（20世纪七八十年代）：概念的产生和理论的初步形成

在1973年，Myron Krurger提出"Virtual Reality"概念后，对于这一块的关注开始逐渐增多。在整个20世纪80年代，美国科技圈开始掀起一股VR热，VR甚至出现在了《科学美国人》和《国家寻问者》杂志的封面上。1983年，美国国防部高级研究计划署（DARPA）与陆军共同制订了仿真组网（SIMNET）计划，随后宇航局开始开发用于火星探测的虚拟环境视觉显示器。这款为NASA服务的虚拟现实设备叫VIVED VR，能在训练的时候帮助宇航员增强太空工作临场感。1986年，"虚拟工作台"这个概念也被提出，裸视3D立体显示器开始被研发出来。1987年，游戏公司任天堂推出了Famicom 3D System眼镜，使用主动式快门技术，透过转接器连接任天堂电视游乐器使用，只要比其最知名的Virtual Boy早了近十年，如图4.10所示。

图4.10　Famicom 3D System眼镜

但在20世纪80年代最为著名的，莫过于VPL Research。这家VR公司由VR先行者Jaron Lanier在1984年创办，随后推出一系列VR产品，包括VR手套Data Glove、VR头盔显示器Eye Phone、环绕音响系统AudioSphere、3D引擎Issac、VR操作系统Body Electric等。并再次提出"Virtual Reality"这个词，得到了大家的正式认可和使用。尽管这些产品价格昂贵，但Jaron Lanier的VPL Research公司是第一家将VR设备推向民用市场的公司，因此他被称为"虚拟现实之父"载入了史册，如图4.11所示。

图 4.11　VPL 研究装备

4.1.3.4　第四阶段（20世纪90年代到21世纪初）：虚拟现实理论进一步的完善和应用

到了20世纪90年代，VR热开启第一波的全球性蔓延。1992年，随着VR电影《剪草人》的上映，VR在当时的大众市场引发了一个小高潮，并直接促进街机游戏VR的短暂繁荣。而最为著名的，莫过于1999年上映的《黑客帝国》，被成为最全面呈现VR场景的电影，它展示了一个全新的世界，异常震撼的超人表现和逼真的世界一直是虚拟现实行业梦寐以求希望能实现的场景，如图4.12所示。

图4.12　"黑客帝国"电影场景

除了电影的大热，在这段时间，不少科技公司也在大力布局VR。1992年，Sense8公司开发WTK软件开发包，极大缩短虚拟现实系统的开发周期；1993年，波音公司使用虚拟现实技术设计出波音777飞机，同年，世嘉公司推出的SEGA VR；1994年，虚拟现实建模语言、建模语言出现，为图形数据的网络传输和交互奠定基础；1995年，任天堂推出了当时最知名的游戏外设设备之一Virtual Boy，但这款革命性的产品，由于太过于前卫得不到市场的认可；1998年，索尼也推出了一款类虚拟现实设备，听起来很炫酷但改进的空间还很大，如图4.13所示。

图4.13　索尼类虚拟现实设备

整个20世纪90年代，基本跟VR搭上关系的公司都希望能够"布局"VR，但大多数以失败告终，原因主要是技术还不够成熟，产品成本奇高。但这一代VR的尝试，为后面VR的积累和扩展打下了坚实的基础。与此同时，虚拟现实在全世界得到进一步推广，尽管得不到市场的认可，但大大丰富了视觉领域的技术理论，如图4.14所示。

图4.14　VR设备

4.1.3.5 第五阶段（2004—2011年）：爆发前夜的静默酝酿期

在21世纪的第一个十年里，手机和智能手机迎来爆发，虚拟现实仿佛被人遗忘。尽管在市场尝试上不太乐观，但人们从未停止在VR领域的研究和开拓。索尼在这段时间推出了3kg重的头盔显示器，Sensics公司也推出了高分辨率、超宽视野的显示设备piSight，还有其他公司，也在连续性推出各类产品。由于VR技术在科技圈已经充分扩展，科学界与学术界对其越来越重视，VR在医疗、飞行、制造和军事领域开始得到深入的应用研究，如图4.15所示。

图4.15　Sensics公司的显示设备

2006年的时候，美国国防部就花了2000多万美金建立了一套虚拟世界的《城市决策》培训计划，专门让相关工作人员进行模拟迅雷，一方面提高大家的应对城市危机能力，另一方面测试技术的水平。两年后的2008年，美国南加州大学的临床心理学家利用虚拟现实治疗创伤后应激障碍，通过开发了一款"虚拟伊拉克"的治疗游戏，帮助那些从伊拉克回来的军人患者。这些例子都在证明，VR已经开始渗透到各个领域，并生根发芽，如图4.16所示。

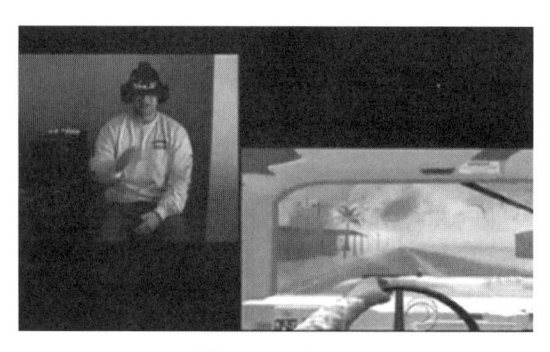

图4.16 "虚拟伊拉克"的治疗游戏

4.1.3.6 第六阶段（2012年至今）：VR元年的井喷

2012年8月，19岁的Palmer Luckey把Oculus Rift摆上了众筹平台Kickstarter的货架，短短的一个月左右，就获得了9522名消费者的支持，收获243万美元众筹资金，使得公司能够顺利进入开发、生产阶段。两年之后的2014年，Oculus被互联网巨头Facebook以20亿美金收购，该事件强烈刺激了科技圈和资本市场，沉寂了那么多年的虚拟现实，终于迎来了爆发，如图4.17所示。

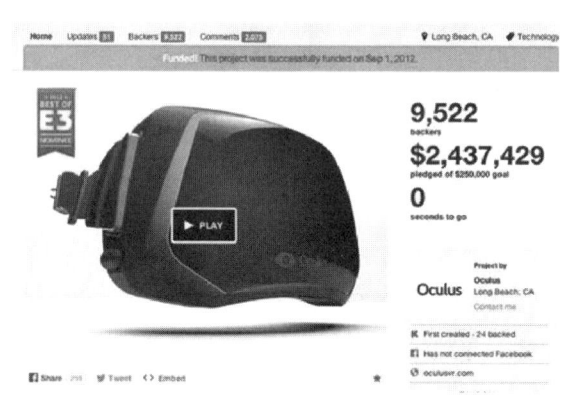

图4.17 Oculus被Facebook收购

在2014年，各大公司纷纷开始推出自己的VR产品，谷歌放出了廉价易用的Cardboard，三星推出了Gear VR（图4.18）等，消费级的VR开始大量涌现。科技记者柏蓉的一篇文章写道："得益于智能手机在近几年的高速发展，VR设备所需的传感器、液晶屏等零件价格降低，解决量产和成本的问题。"短短几年，全球的VR创业者迅速暴增，按照曾经是媒体人的焰火工坊CEO娄池的说法，2014年VR硬件企业就有200多家。

图4.18 三星公司的Gear VR

在中国，VR虽然在硬件圈一直很火，但在2015年之前，都还没有进入主流的IT圈，以致这段时间很多南方的硬件公司因融不到钱消失了一大半。直到2015年末，一份高盛的预测报告刷爆了互联网从业者的朋友圈。主流科技媒体再次把VR扶到了元年的位置上，虚拟现实正式成为"风口"，由此拉开了轰轰烈烈的VR创业淘金运动。

4.1.4 利用VRP完成一个虚拟现实案例

4.1.4.1 概述

VRP（Virtual Reality Platform，VR-Platform或VRP）即虚拟现实平台，VRP是一款由中视典数字科技有限公司独立开发的具有完全自主知识产权的直接面向三维美工的一款虚拟现实软件，是目前中国虚拟现实领域市场占有率最高的一款虚拟现实软件。

1.VRPlatform 特点

人性化，易操作，所见即所得。

（1）一个稍有基础的人可以在一天之内掌握使用方法：与Max的无缝集成。

（2）Max是VRPlatform的建模工具，VRPlatform是Max功能的延伸与展

示平台：高真实感的实时渲染效果。

（3）VRPlatform可以利用Max中全局光算法生成的Tbaker贴图，因而使得场景具有非常逼真的静态光影效果；实时材质编辑器，可实现普通、透明、镂空、高光、反射、凹凸材质等特效。

2.VRPlatform可实现的功能

主角控制模式；碰撞检测；动画贴图；各种光效，光晕，体积光；实时反射——环境反射和镜面反射；实时水波；RPC人物、树木、花草；天空盒、雾效；等等。

4.1.4.2　用VRP完成一个VR交互案例

1.步骤1：在3ds max中建立模型

在VR的建模中，要注意在质量与速度之间做好权衡，近可能降低场景的规模，包括面数和贴图量。

VRP对于建模阶段没有过多的限制，只要是3ds Max标准的功能，用户就可以任意使用，如模型的建立与材质的设置。唯一要注意的就是，必须养成良好的建模习惯，特别是在虚拟现实的建模过程中，须注意以下几点：

（1）场景的尺寸需与真实情况一致，单位合理，建一个边长10cm的足球场或是半径10m的杯子的做法都是不正确的。

（2）尽量减少场景的模型数量与贴图量，将模型的面数、贴图量在质量与速度之间做好权衡。

（3）将需要对齐的物体面和顶点进行对齐，删除每一个模型中的多余点和烂面。

（4）对模型进行合理的命名和分组。

（5）尽量做简模。

（6）三角面尽量为等边三角形，不要出现长条型。

（7）在表现细长条的物体时，尽量不用模型而用贴图的方式表现。

（8）重新制作简模比改精模的效率更高。

（9）模型的数量不要太多。

（10）合理分布模型的密度。

（11）相同材质的模型，远距离的不要合并。

（12）保持模型面与面之间的距离。

（13）删除看不见的面。

（14）用面片表现复杂造型。

注：本例中使用的单位为cm。需要注意的是，当场景尺寸过大时，如大规模建筑群、城市等，建议不要使用mm为单位，否则，VRP中数值太大会出现数据显示不全，不便于查看数据等问题。

根据以上要求建立地面、墙面和其他物体，并按以上简模原则优化模型。

2.步骤2：材质设置

在完成场景模型的建立之后，即可为该模型添加材质。本教程使用的是标准材质，对部分模型添加了纹理贴图。有关材质的命名和其他参数可以根据自己的需要和习惯进行设置。

如果需要将物体烘焙为LightingMap时，一般只能设置材质为Advanced Lighting、Architectural、Lightscape Mtl、Standard类型；在做图必须要使用到其他材质时，一般需要将该物体烘焙为CompleteMap。

物体的贴图只允许使用jpg、bmp、tga、png、dds这几种格式，不支持其他格式的贴图，如tif、psd类型的贴图。

3.步骤3：灯光设置

VRP对Max场景中的灯光设置没有特别要求，按需要设置合理的灯光和阴影参数即可。本教程里使用的是VRaylight灯光。场景中的灯光参数都是按照通常作图的布光方式进行设置的。

4.步骤4：相机设置

在3dsMax场景中设置的相机可以输出到VRP中作为实时浏览的相机。对于相机的参数也没有特别的要求，而且相机不是必须的，相机也可以选择在VRP编辑中进行制作，如图4.19所示。

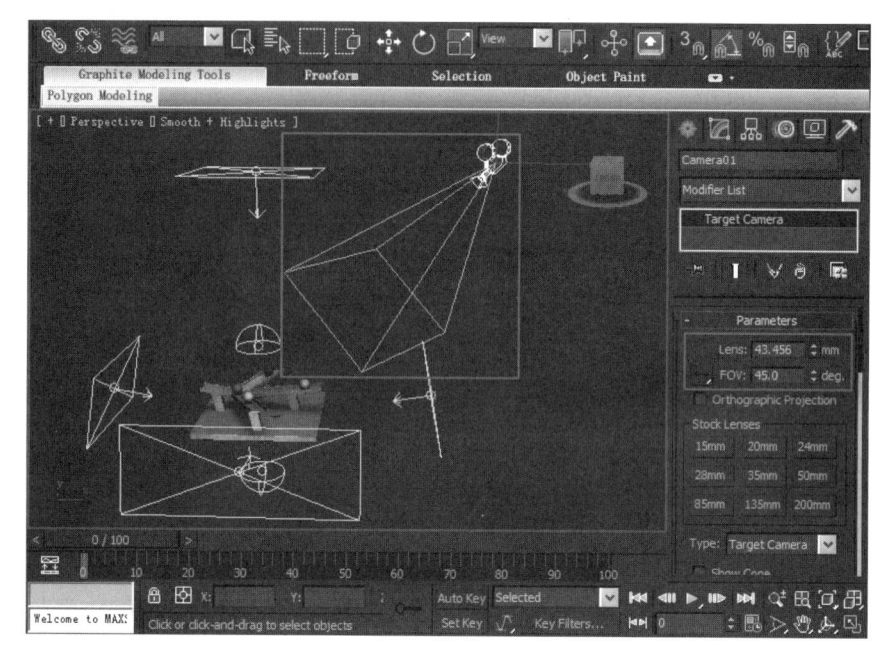

图4.19　相机VRP编辑

5.步骤5：在3dsMax中渲染

在3ds Max中为模型添加了材质和灯光之后，既可用3ds Max默认渲染器Scanline渲染，也可使用高级光照渲染。由于场景在VRP里的实时效果的好与坏取决于在3dsMax的建模和渲染的表现，因此渲染质量好坏和错误的多少都将影响场景在VRP中的实时效果。

注：VRP对应用什么类型的渲染器进行渲染没有严格要求，使用高级光照渲染可以产生全局照明和真实的漫反射效果；但应用标准灯光模拟全局光照，使用Scanline进行渲染其效果也很好。

为加强真实感，在本教程中我们使用Max的高级光照渲染。按F10打开渲染面板，在Common面板下指定渲染器为VRay渲染器，并设置渲染器参数，如图4.20所示，如果效果满意，则第一阶段的工作也就顺利完成了。

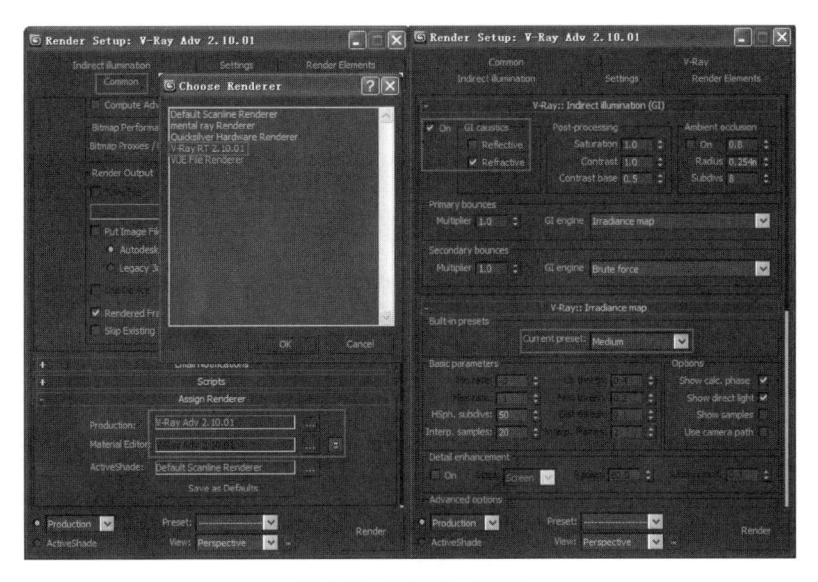

图 4.20 3dsMax渲染

6. 步骤6：在3dsMax 2011中进行烘焙

烘焙就是把3ds MAX中的物体的光影以贴图的方式带到VRP中，以求真实感；相反，如果将物体不进行烘焙而直接导入到VRP中，其效果是不真实的。

在3dsMax中进行烘焙的工具是"Rendering"→"Render To Texture"命令。由于目前制作公司使用的3ds MAX版本基本上都是3ds MAX9以后的版本，而烘焙的参数设置从3ds MAX9开始，以后的版本都是一样的，所以在此仅对3ds MAX2011的烘焙进行讲解。

在对场景进行渲染，并感到对渲染效果满意的情况下，然后对场景进行烘焙。其操作步骤如下：

（1）在3dsMax中，选择需要烘焙的模型。

（2）单击"Rendering"→"Render To Texture"（或在关闭输入法状态下直接按下数字键"0"），随后便会弹出Render To Textures对话框。

（3）依次按照图4.21所示的参数进行设置，图中提示部分是必须设置的，其他为默认参数，若默认值被误修改，请根据下图恢复这些默认值，设置完毕后单击Render开始烘焙。

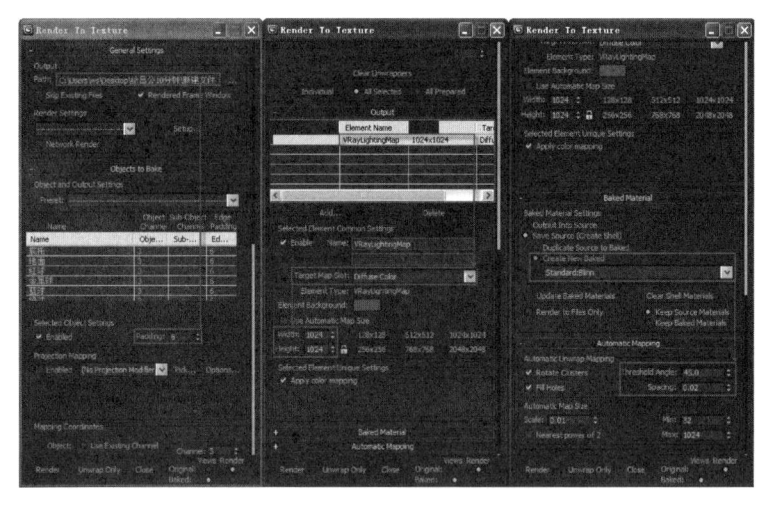

图 4.21　3dsMax 烘焙

7. 步骤 7：导出模型至 VRP-Builder

以上操作都是在 3dsMax 中进行的，接下来我们将利用 VRP-for-Max 插件，把场景中的模型导出至 VRP-Builder 中（注：如果用户还没有安装 VRP-for-Max 插件，请参看 VRP 系统帮助中的相关文档进行安装）。

VRP-for-Max 导出过程非常自动化，对用户没有任何特定的要求。导出场景方法也十分简单，如图 4.22 所示。

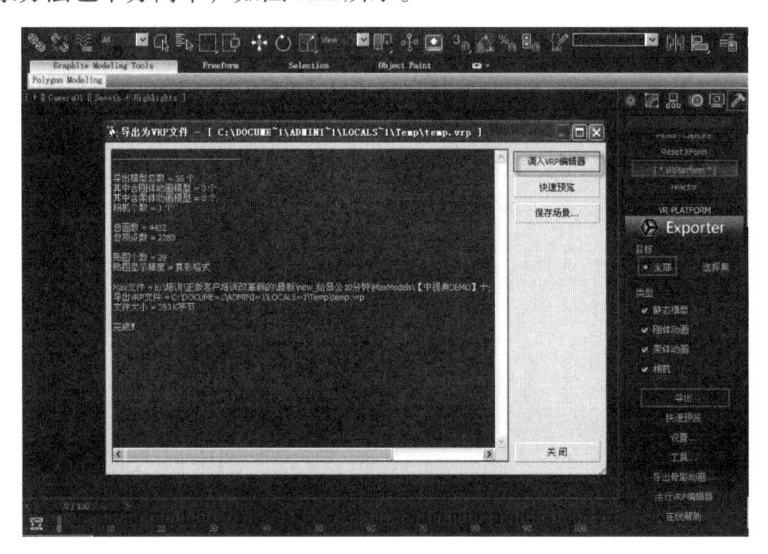

图 4.22　导出模型

场景模型导入至VRP-Builder后的显示，如图4.23所示。

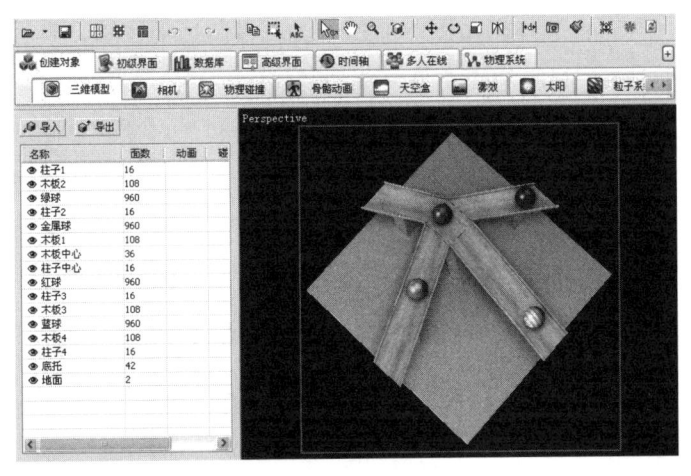

图4.23　场景模型导入

（注：如果用户看到的画面的贴图与上图不一致，可能是因为烘焙的操作有误，请回到本教程的"在3dsMax中烘焙"中重新对当前场景中的所有物体再次进行烘焙）

8.步骤8：设置运行窗口与运行预览

单击工具栏的"设置运行参数"按钮（或直接按F4），在弹出的"项目设置"对话框中根据项目需要设置各个选项内容。如设置运行时窗口的标题和窗口的大小，以及选择初始化的相机等，如图4.24所示。

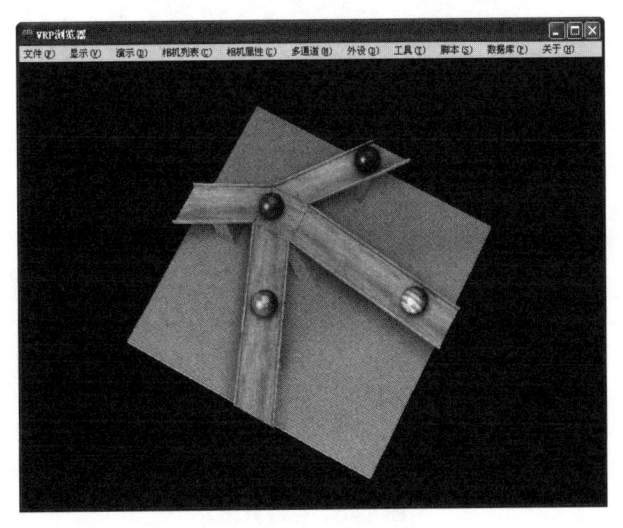

图4.24　运行预览

9.步骤9：存盘与打开

由于一个VRP文件的贴图可能散落于磁盘的任何位置，查找和管理起来很不方便；如果只将VRP文件复制到其他机器上，在打开VR场景时，模型会丢失贴图。针对这种情况，VRP-Builder提供了将这些贴图收集起来复制到同一个目录的方法即通过保存场景并收集、复制所有外部资源文件到Vrp文件的默认资源目录中。单击"文件"→"保存场景"命令，然后再按图4.25所示进行操作。

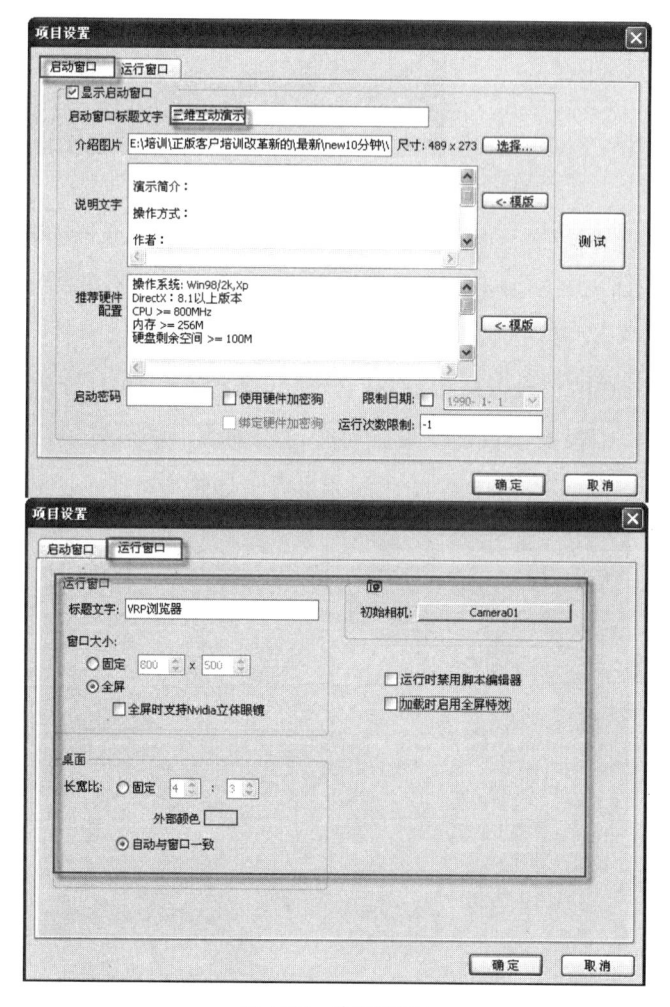

图4.25 存储界面

10. 步骤10：制作独立运行程序

VR场景在发布的时候，需要制成能够独自运行的EXE文件。在VRP-Builder中，可以通过简单的操作，将用户编辑的场景制成独立运行的Exe文件。该EXE文件具有以下特点：

（1）双击该文件即可自解压后立即运行，无须安装任何程序，并且运行结束后不会产生垃圾文件；

（2）内嵌的浏览器只有1.2M；

（3）由于该压缩包内场景数据精简高效，因此该EXE具有文件量小，便于网络下载等特点（关于如何优化压缩包的尺寸，我们会在后面的教程中作详细介绍）。

单击菜单的"文件"→"编译独立执行Exe文件"命令，然后在弹出的"编译独立执行Exe文件"对话框中设置保存的路径和文件名称然后单击"开始编译!"按钮即可，如图4.26所示。

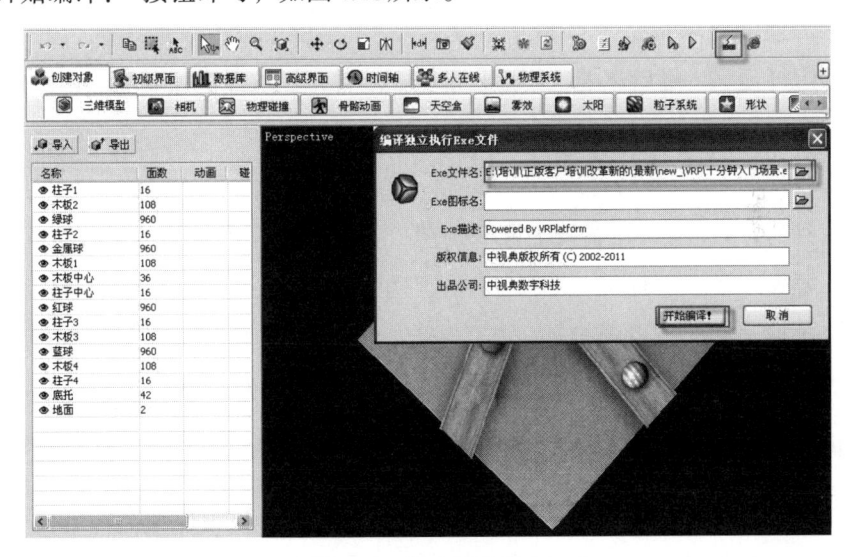

图4.26　独立运行程序

编译完成后，一个新生成Exe文件会出现在指定的目录中，双击该文件即可运行，瞬间，一个可交互的VR场景便呈现在用户的面前，如图4.27所示。

图4.27 可交互的VR场景

从以上操作中可以看出，VR-Platform平台具有很强的灵活性，用户可以很方便的将场景从3dsMax中导出，在VRP-Builder中对最终产品进行编译和运行预览，最后还能很快地将最终产品打包，编译成独立的Exe文件。

4.1.5 VR中新交互技术

目前，VR显示终端处于发展初期，各大厂商凭借优势采用各自的VR交互解决方案。一时间，带有各种交互方式的VR显示终端充斥市场，有的绑定手柄，有的配备遥控器，有的安装触摸板，甚至有的具有手势识别功能等。这种多种交互形式并存的现状促成了VR交互方式百家争鸣的局面。

4.1.5.1 用"眼球追踪"实现交互

眼球追踪技术被大部分VR从业者认为将成为解决虚拟现实头盔眩晕病问题的一个重要技术突破（图4.28）。Oculus创始人帕尔默·拉奇曾称眼球追踪技术为"VR的心脏"，因为它对于人眼位置的检测，能够为当前所处视角提供最佳的3D效果，使VR头盔显示器呈现出的图像更自然，延迟更小，这都能大大增加可玩性。同时，由于眼球追踪技术可以获知人眼的真

实注视点，从而得到虚拟物体上视点位置的景深。眼球追踪技术绝对值得被从业者们密切关注。但是，尽管众多公司都在研究眼球追踪技术，但仍然没有一家的解决方案令人满意。

图4.28 "眼球追踪"交互

业内人看来，眼球追踪技术虽然在VR上有一些限制，但可行性还是比较高的，比如外接电源、将VR的结构设计做的更大等。但更大的挑战在与通过调整图像来适应眼球的移动，这些图像调整的算法目前来说都是空白的。

4.1.5.2 用"动作捕捉"实现交互

动作捕捉系统是能让用户获得完全的沉浸感，真正"进入"虚拟世界（图4.29）。专门针对VR的动捕系统，目前市面上不多。市面上的动作捕捉设备只会在特定超重度的场景中使用，因为其有固有的易用性门槛，需要用户花费比较长的时间穿戴和校准才能够使用。相比之下，Kinect这样的光学设备在某些对于精度要求不高的场景可能也会被应用。全身动捕在很多场合并不是必须的，而它交互设计的一大痛点是没有反馈，用户很难感觉到自己的操作是有效的。

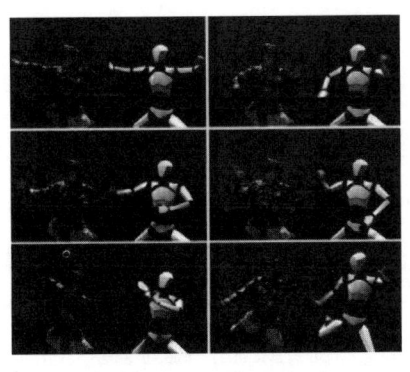

图4.29 动作捕捉

4.1.5.3 用"肌电模拟"实现交互

利用肌肉电刺激来模拟真实感觉需要克服的问题有很多,因为神经通道是一个精巧而复杂的结构,从外部皮肤刺激是不太可能的。目前的生物技术水平无法利用肌肉电刺激来高度模拟实际感觉。即使采用这种方式,能实现的也是比较粗糙的感觉,这种感觉对于追求沉浸感的VR也没有太多用处。

有一个VR拳击设备Impacto用肌电模拟实现交互,如图4.30所示。具体来说,Impacto设备一部分是震动马达,能产生震动感,这个在游戏手柄中可以体验到;另外一部分,是肌肉电刺激系统,通过电流刺激肌肉收缩运动。两者的结合,让人误以为自己击中了游戏中的对手,因为这个设备会在恰当的时候产生类似真正拳击的"冲击感"。

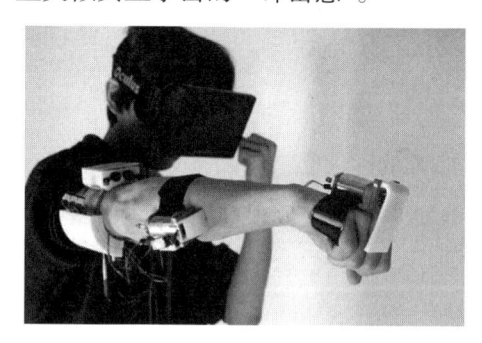

图4.30 "肌电模拟"交互

4.1.5.4 用"触觉反馈"实现交互

触觉反馈主要是按钮和震动反馈,大多通过虚拟现实手柄实现,这样高度特化/简化的交互设备的优势显然是能够非常自如地在诸如游戏等应用中使用,但是它无法适应更加广泛的应用场景。目前三大VR头盔显示器厂商Oculus、索尼、HTC Valve都不约而同地采用了虚拟现实手柄作为标准的交互模式:两手分立、6个自由度空间跟踪,带按钮和震动反馈的手柄。这样的设备显然是用来进行一些高度特化的游戏类应用的(以及轻度的消费应用),这也可以视作一种商业策略,因为VR头盔显示器的早期消费者应该基本是游戏玩家，如图4.31所示。

图4.31 "触觉反馈"交互

4.1.5.5 用"语音"实现交互

VR用户不会理会视觉中心的指示文字，而是环顾四周不断发现和探索。一些图形上的指示会干扰到他们在VR中的沉浸感，所以最好的方法就是使用语音，和他们正在观察的周遭世界互不干扰。这时如果用户和VR世界进行语音交互，会更加自然，而且它是无处不在无时不有的，用户不需要移动头部和寻找它们，在任何方位任何角落都能和他们交流，如图4.32所示。

图4.32 "语音"交互

4.1.5.6 用"方向追踪"实现交互

方向追踪可用来控制用户在VR中的前进方向。不过，如果用方向追踪可能很多情况下都会空间受限，追踪调整方向的话很可能会有转不过去的情况。交互设计师给出了解决方案——按下鼠标右键则可以让方向回到原始的正视方向或者叫做重置当前凝视的方向，或者可以通过摇杆调整方向，或按下按钮回到初始位置，如图4.33所示。但问题还是存在的，有可能用户玩得很累，削弱了舒适性。

图 4.33　"方向追踪"交互

4.1.5.7　用"真实场地"实现交互

超重度交互的虚拟现实主题公园 The Void 采用了这种途径，就是造出一个与虚拟世界的墙壁、阻挡和边界等完全一致的可自由移动的真实场地，这种真实场地通过仔细的规划关卡和场景设计就能够给用户带来种种外设所不能带来的良好体验。把虚拟世界构建在物理世界之上，让使用者能够感觉到周围的物体并使用真实的道具，比如手提灯、剑、枪等，中国媒体称为"地表最强娱乐设施"。这种的缺点是规模及投入较大，且只能适用于特定的虚拟场景，在场景应用的广泛性上受限，如图 4.34 所示。

图 4.34　"真实场地"交互

4.1.5.8　用"手势跟踪"实现交互

光学跟踪的优势在于使用门槛低，场景灵活，用户不需要在手上穿脱设备。目前，手势追踪有两种方式，各有优劣：一种是光学跟踪，第二种是数据手套，如图 4.35 所示。

光学跟踪未来在一体化移动 VR 头盔显示器上直接集成光学手部跟踪用作移动场景的交互方式是一件很可行的事情。但是其缺点在于视场受局限，需要用户付出脑力和体力才能实现的交互是不会成功的，使用手势跟踪会比较累而且不直观，没有反馈。

数据手套的优势在于没有视场限制，而且完全可以在设备上集成反馈机制（如震动、按钮和触摸）。它的缺陷在于使用门槛较高：用户需要穿脱设备，而且作为一个外设其使用场景还是受局限。

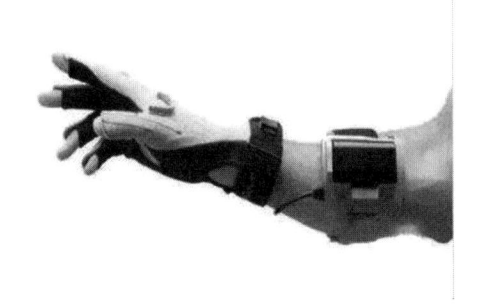

图4.35 "手势跟踪"交互

4.1.5.9 用"传感器"实现交互

传感器能够帮助人们与多维的VR信息环境进行自然地交互。比如，人们进入虚拟世界不仅仅是想坐在那里，他们也希望能够在虚拟世界中到处走走看看，但目前这些基本上是设备上的各种传感器产生的，比如智能感应环、温度传感器、光敏传感器、压力传感器、视觉传感器等，能够通过脉冲电流让皮肤产生相应的感觉，或是把游戏中触觉、嗅觉等各种感知传送到大脑。目前已有的应用传感器的设备体验度都不高，在技术上还需要做出很多突破。例如万向跑步机，目前体验并不好，这样的跑步机实际上并不能够提供接近于真实移动的感觉。又如Stompz VR，使用脚上的惯性传感器使用原地走代替前进。还有全身VR套装Teslasuit，可以切身感觉到虚拟现实环境的变化，如图4.36所示。

虚拟现实是一场交互方式的新革命，人们正在实现由界面到空间的交互方式变迁。未来多通道的交互将是VR时代的主流交互形态，目前，VR交互的输入方式尚未统一，市面上的各种交互设备仍存在各自的不足。

图4.36 "传感器"交互

作为一项能够"欺骗"大脑的终极技术，虚拟现实在短时间内迅猛发展，已经在医学、军事航天、室内设计、工业设计、房产开发、文物古迹保护等领域有了广泛的应用。随着多玩家VR交互游戏的介入以及玩家追踪技术的发展，虚拟现实把人与人之间的距离拉得越来越接近，这个距离不再仅仅是借助互联网达到人们之间的交互目的，而是从身体上也拉近了人们之间的距离。我们不难判断未来虚拟现实的多人真实交互将如日中天。

4.2　增强现实与数字出版

虚拟现实的主要科学问题包括建模方法、表现技术、人机交互及设备三个大类。针对前这些问题，已经出现了多种虚拟现实增强技术、将虚拟环境与现实环境进行匹配合成以实现增强，其中，将三维虚拟对象叠加到真实世界现实的技术成为增强现实，将真实对象的信息叠加到虚拟环境绘制的技术为增强虚拟环境。这两类技术可以形象化地分别描述为"实中有虚"和"虚中有实"。虚拟现实增强及时通过真实世界和虚拟环境的合成降低了三维建模的工作量，借助真实场景及实物提高了用户体验感和可信度，促进了虚拟现实技术的进一步发展。

虚拟现实技术带来了人机交互的新概念，带给用户强烈的真实感和临场感的体验，但这要求精细的三维模型和复杂的渲染计算。增强现实技术"实中有虚"，摄像机采集的图形真实地反映了现实场景，可以减少场景的建模和渲染工作量，提供了一种轻量级并且真实感强的增强技术。下面将分别从基本概念、增强现实系统、增强技术的发展、增强现实的关键技术以及AR技术应用数字出版中的案例等方面介绍。

4.2.1 概念

增强现实（Augmented Reality，AR）。增强现实技术，它是一种将真实世界信息和虚拟世界信息"无缝"集成的新技术，是把原本在现实世界的一定时间空间范围内很难体验到的实体信息（视觉信息，声音，味道，触觉等），通过计算机等科学技术，模拟仿真后再叠加，将虚拟的信息应用到真实世界，被人类感官所感知，从而达到超越现实的感官体验。真实的环境和虚拟的物体实时地叠加到了同一个画面或空间同时存在。

增强现实技术，不仅展现了真实世界的信息，而且将虚拟的信息同时显示出来，两种信息相互补充、叠加。在视觉化的增强现实中，用户利用头盔显示器，把真实世界与计算机图形多重合成在一起，便可以看到真实的世界围绕着它。

增强现实技术包含了多媒体、三维建模、实时视频显示及控制、多传感器融合、实时跟踪及注册、场景融合等新技术与新手段。增强现实提供了在一般情况下，不同于人类可以感知的信息。

4.2.2 增强现实技术发展与分类

4.2.2.1 基于标识的增强现实系统

早期的增强现实系统主要为户内的基于人工标志的系统。20世纪90年代初期波音公司的Tom Caudell和同事在他们设计的一个辅助布线系统中提出了增强现实这个名词，在他们设计的系统中应用S-HMD，把由简单线条绘制的布线路径和文字提示信息实时地叠加在机械师的视野中，从而帮助机械师一步一步地完成一个拆卸过程。

这种系统通过识别图像中的人工标志来跟踪摄像机的姿态，具备标识识别率高、携带性强、系统实时性强等优点。常用的增强现实标志有四种：ARToolKit、HoM、SCR、IGD。计算机通过识别标志的软件，和跟踪的摄像机完成了虚拟物体的叠加。

4.2.2.2　基于自然特征的增强现实系统

基于标识的增强现实（AR）系统由于需要在实际环境中事先放置AR标记，因此在户外以及一些涉及大范围场景的AR应用中，就需要在场景中放置大量的标记，每次系统应用起来会很不方便。

在这种情况下，基于自然特征点的跟踪注册技术则显得游刃有余。一般而言，基于自然特征的跟踪注册技术是利用真实环境中的一些自然特征为AR系统的跟踪参考物，比如：角点、直线或者曲线等。为了获取摄像机在真实世界中的位置与朝向，通过对自然特征进行提取与特征匹配，来实现虚拟对象的注册。

这种方法适用于户外AR应用，但是由于设备无法满足如此庞大的计算量和良好的精度要求，该技术实时性相对比较低。

4.2.2.3　移动增强现实系统

近年来，智能手机强大的计算能力和捕捉图像的能力成为研究者的一大偏爱。移动增强现实系统能时时跟踪手机在真实场景中的位置及姿态，并根据这些信息计算出虚拟物体在摄像机中的坐标，实现虚拟物体画面与真实场景画面精准匹配。

2009年，奥地利的Graz University of Technology提出一种从一副手机内置摄像头获取的图片来定位手机使用者的6自由度姿态的方法（图4.37）。

图4.37　移动增强现实的效果图

牛津大学研究PTAM（Parallel Tracking and Mapping）系统移植到手机上。此系统完全脱离了PC和大型的工作站，可以在iPhone手机上独立对未知环境进行实时地增强。

4.2.3 增强现实的核心技术

增强现实系统的核心技术主要有显示技术、注册技术、交互技术。

4.2.3.1 增强现实的显示技术

视觉通道是人类与外部环境之间最重要的信息接口，人类从外界所获得的信息有近80%是通过眼睛得到的，因此增强现实系统中的头盔显示技术就十分关键。

目前普遍采用的透视式头盔显示器，包括视频透视式头盔显示器和光学透视式头盔显示器。

视频透视式头盔显示器通过一对安装在用户头部的摄像机，摄取外部真实环境的景象，计算机通过计算处理，将所要添加的信息或图像信号叠加在摄像机的视频信号上。

用视频透视式头盔显示器的增强现实系统中，使用者看到的周围真实世界的场景是由摄像机摄取的。因此，图像经过计算机的处理，不产生虚拟物体在真实场景中的游移现象。但由于处理速度等原因，图像显示会有迟滞现象，而且在处理过程中可能会丢失一些细节。

而在使用光学透视式头盔显示器的增强现实系统中，使用者对周围环境的感知是依靠自己的眼睛来实现的，所以所获得的信息比较可靠和全面，然而正是由于人类的视觉系统在细节判别能力方面相当卓越，所以很小的定位注册误差就会被注意到。

此外，最新报道，Google秘密实验室正在开发一种新型智能型眼镜，该眼镜还会有一个前置摄影机，可以监测环境和覆盖信息的位置。眼镜将摄像机收集到的信息数据发送至云端后分享所在位置，便可实时搜索图像，同时还可以用于显示与画面相关的天气、位置、朋友、消费项目等信息。

这副智能型眼镜可能会在2012年年底正式上市，价格可能在250～600美元。

4.2.3.2 增强现实的注册技术

为了达到增强现实虚实无缝融合，三维注册起着重要的作用，这也是近十年来增强现实研究领域最大的热点之一。三维注册技术一直以来是增强现实系统研究的重点．也是主要的技术难点。而三维跟踪注册精度是衡量AR系统性能、影响其实用性的关键指标。

注册误差可分成两大类：静态注册误差和动态注册误差。当用户的视点与真实环境中的物体均保持静止时，系统产生的误差称静态注册误差。而只有当用户的视点或环境中的物体发生相对运动时才会出现的误差称为动态注册误差。动态注册误差是造成增强现实系统注册误差的主要来源，也是限制增强现实系统实现广泛应用的主要因素。目前增强现实的研究中主要采用以下两种三维注册方法。

1.基于跟踪器（Tracing）的三维注册技术

基于跟踪器的三维注册技术主要记录RE（Real Environment）中观察者的方向和位置，保持VE（Virtual Environment）与RE的连续性，实现精确注册。

主要采用的跟踪器包括电磁跟踪器、惯性跟踪器、测距仪、超声波定位仪、全球定位系统（GPS）等，常用的跟踪设备包括机电式跟踪器、电磁式跟踪器、声学跟踪器、光电跟踪器、惯性跟踪器、全球卫星定位系统等。

为了弥补各跟踪器的缺点，许多研究者采用混合跟踪的方法以取长补短，满足增强现实系统高精度注册的要求。

2.基于视觉（Vision）的三维注册技术

基于视觉的三维注册技术是目前占主导地位的跟踪技术。主要通过给定的一幅图像来确定摄像机和RE中目标的相对位置和方向。典型的视觉三维注册技术有：仿射变换注册和相机定标注册。

仿射注册技术的原理是给定三维空间中任何至少4个不共面的点，空间中任何一个点的投影变换都可以用这4个点的变换结果的树形组合来表示。仿射变换注册是AR三维注册技术的一个突破，解决了传统的跟踪、定标等烦琐的注册方法，实现通过视觉的分析进行注册。相机定标注册则是一个从三维场景到二维成像平面的转换过程，即通过获取相机内部参数计算相机的位置和方向，如图4.38所示。

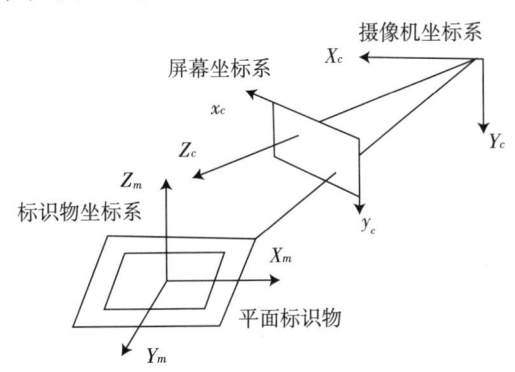

图4.38 摄像机坐标系和标识物坐标系的转换关系

4.2.3.3 增强现实的交互技术

交互技术是增强现实中与显示技术和注册技术密切相关的技术．满足了人们在虚拟和现实世界自然交互的愿望。AR中虚实物体交互的基本方式有两类：视觉交互与物理交互。视觉交互包括虚实物体相互间的阴影、遮挡、各类反射、折射和颜色渗透等。物理交互包括虚实物体间运动学上的约束、碰撞检测和受外力影响产生的物理响应等。交互本身可以是单向或双向，但由于技术上的原因，目前的研究基本上被限制在真实物体对虚拟物体的单向交互方面。通常会使用以下几种交互方法。

1.传统交互方法

在校园浏览系统中，用户背着移动PC和眼踪设备。头戴透视式头盔显示器，手持手写笔和DA，在校园中漫步。AR系统通过摄像头捕捉到校围场景，并在这些场景中添加建筑物的相关信息，从而帮助使用者了解校园情况。

2.手势交互手段

基于手势的人机交互手段是较为新颖的一种交互手段，基于视觉的手势交互已受到广泛的关注，由于手势本身的多义性及时空差异性，加之人手形变的高维度及视觉问题本身的不适定性，基于视觉的手势识别一直是一项极富挑战性的多学科交叉研究课题.

传统识别手的形态的方法分为基于模型的方法和基于表征的方法两大类．由于手的形态变化维度极高，在实时搜索自然人手对应的3D模型时，前者由于计算复杂度的原因往往达不到速度的要求，因此各种手戴标记被广泛应用。

自然人手交互的研究也取得了一定的进展，如文献[9]就通过实验设计了一种有较高应用效果的自然人手交互的方法。

3.基于标记以及其他相关信息进行交互

AR系统中不仅仅利用标识进行三维注册，有时也可以利用标识和虚拟系统中的信息进行交互（图4.39）。例如，印度的大学生中已经有人研究了利用色环实现纸上投影的信息转移到计算机上。还有人研究采用装有反光标记的黑色手套，操纵虚拟的国际象棋棋子。

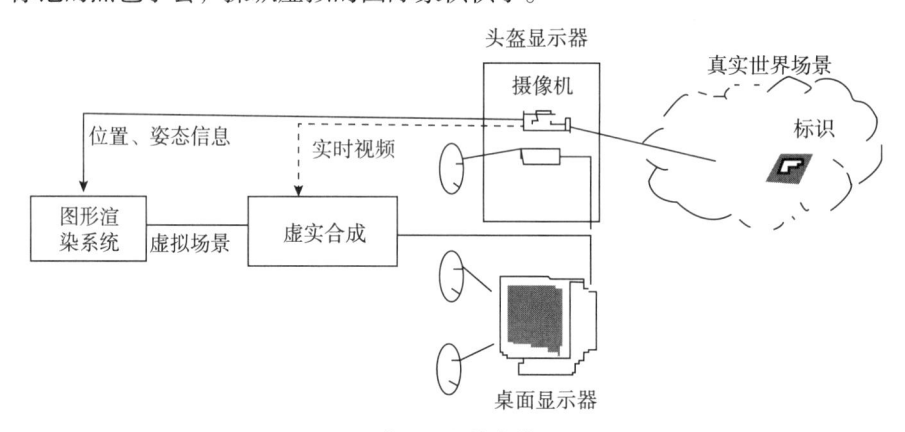

图4.39 增强现实技术的工作原理

4.2.4 利用HiAR引擎设计实现一个AR数字出版应用

4.2.4.1 概述

HiAR SDK for Unity 是 HiAR 开发平台中的一套 AR SDK，可以让开发者

轻松地使用 Unity 3D 开发跨平台的 AR 应用和 AR 游戏。要使用 HiAR 来制作自己的 AR 应用，主要分以下几步：

（1）成为 HiAR 用户；

（2）选择合适的 SDK；

（3）获取 AppKey 和 Secret；

（4）编辑识别内容；

（5）根据 SDK 说明制作 AR 应用。

4.2.4.2 利用 HiAR 设计一个 AR 应用

1. Step 1　成为 HiAR 用户

为了使用 HiAR 平台提供的服务，您首先必须成为 HiAR 平台用户。

2. Step 2　下载合适的 SDK

HiAR SDK 包括 Unity、Android、iOS、Cloud API 等不同的版本，所以，在开始工作前，请先选择适合的 SDK。

（1）HiAR SDK for Unity。

（2）Unity 版本 SDK，以 Unity 插件的形式提供，通过它可以方便制作 Unity、Windows、Mac OSX、Android、iOS 等跨平台的应用，也是目前已正式上线的版本，可以登录管理后台后下载。

（3）HiAR SDK for Android。

（4）Android 原生开发用的 SDK，以 jar 包的形式提供，可以方便地集成到现有的 Android 工程中，不需要对现有的应用做过多的修改或二次开发即可制作出出色的 AR 效果。

（5）HiAR SDK for iOS。

（6）iOS 原生开发用的 SDK，以 framework 的形式提供，可以方便地集成到现有的 iOS 工程中，不需要对现有的应用做过多的修改或二次开发即可制作出出色的 AR 效果。本 SDK 模块未上线。

3. Step 3　获取 App Key 和 Secrel

虽然，SDK 有不同的版本，具体使用方式也不太一样，但都需要获取

AppKey 和 Secret 后才能正常使用。AppKey 和 Secret 是由管理后台生成的分配给应用的唯一标识，通过该标识可以将应用与对应需识别的图集对应起来，方便识别内容的管理。

HiAR Cloud API。

4. Step 4　编辑识别内容

这里提到识别内容指的是识别图片，为了方便识别图片的管理，HiAR 提供了图集的管理方式，可以将图集简单地理解为"识别图片的集合"。登录 HiAR 管理后台后，可以很方便地创建图集。

（1）创建图集：图集是 HiAR 管理平台提供的一种识别图片管理方式，通过设置图集与应用关联，可以方便地管理应用的云识别内容。

进入管理后台首页，在"图集与识别图片"模块处单击"查看所有图集"，进入图集管理界面（图4.40）。

图4.40　图集管理界面

在图集管理界面，单击"新建图集"按钮（图4.41）。

图4.41　"新建图集"按钮

在弹出的"新建图集"对话框中填写图集名称，单击"新建"完成图集创建（图4.42）。

图 4.42　"新建图集"对话框

现在，可以在图集列表中看到刚刚新建的图集，如图4.43所示。

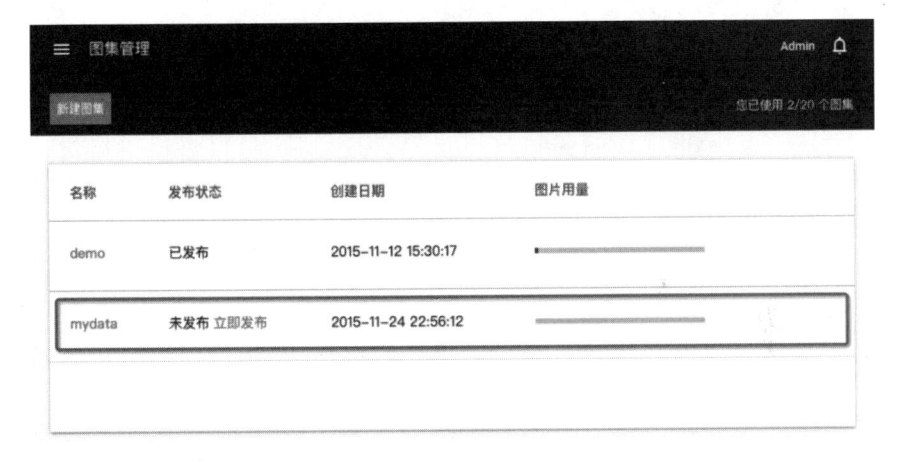

图 4.43　新建的图集

（2）关联应用。关联应用就是将图集关联到应用。只有通过关联操作，在应用进行云识别的时候，该图集中的图片才会被识别到。创建好图集后，就可以往图集里添加识别图片，如图4.44所示。

（3）添加识别图片。

①选择图集。如图4.45所示，在图集列表中单击要添加识别图片的图集（本例中以 mydata 图集为例）。

图4.44 关联应用

图4.45 选择图集

②上传图片。单击"添加识别图片"按钮，进入识别图片添加界面（图4.46）。

图4.46 "添加识别图片"按钮

然后单击"+"按钮，选择图片文件并完成上传，如图4.47、图4.48所示。

图 4.47 "+"按钮

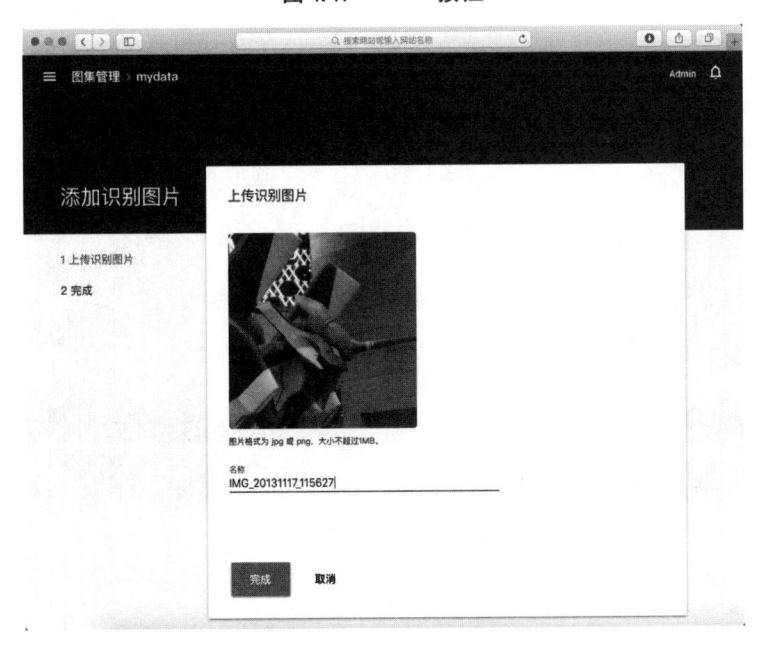

图 4.48 上传识别图片

现在，可以在 mydata 图集中看到刚刚添加的识别图片（图 4.49）。

图 4.49　添加识别图片效果

5.Step 5　根据 SDK 说明制作 AR 应用

(1) 新建 Unity 工程并导入 SDK。运行 Unity 程序，新建一个 Unity 工程，然后将 SDK 包中 lib 目录下的 hiar_sdk_unity-x.x.x.unitypackage 文件导入该工程，具体操作请参考下面的链接：导入 SDK。

(2) 创建 HiARCamera。新建的 Unity 工程中，默认会创建一个 Main Camera（图 4.50），请先将其删除。

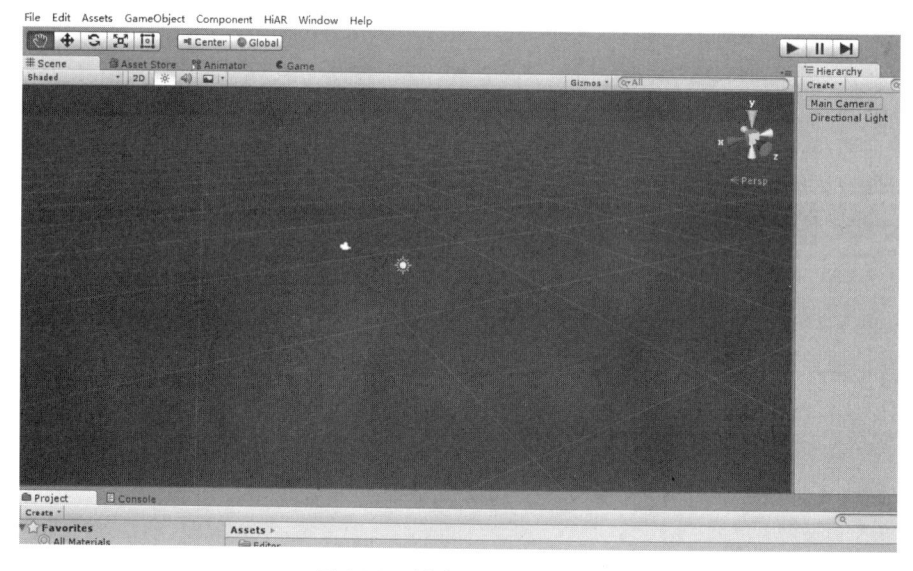

图 4.50　创建 Main Camera

然后将 Assets/HiAR-Unity/Prefabs 目录下的 HiARCamera 拖至 Hierarchy 窗口中，如图 4.51、图 4.52 所示。

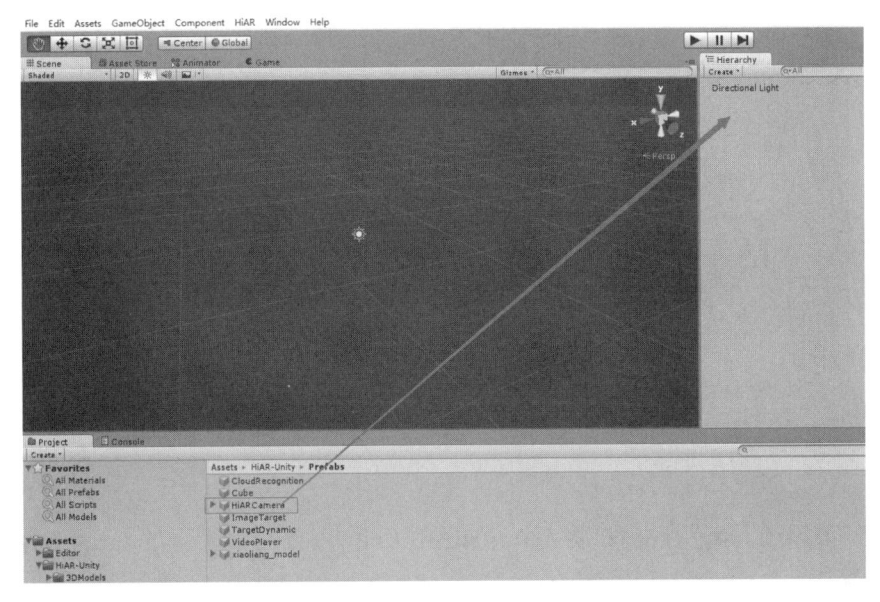

图 4.51　将 HiARCamera 拖至 Hierarchy 窗口中

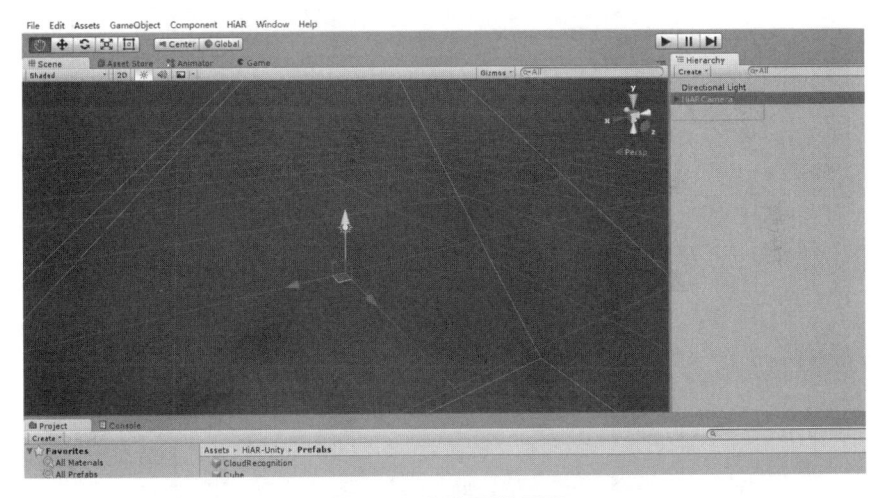

图 4.52　拖拽后效果图

（3）设置 AppKey 和 Secret。在 Hierarchy 窗口中选中 HiARCamera，在其对应的 Inspector 窗口中找到 AppKey 和 Secret 选项，并填写信息，如图 4.53 所示。

提示：如果没有指定正确的 AppKey 和 Secret，应用可能无法正常运行。

图4.53　Inspector 窗口

（4）创建 ImageTarget。

①添加 ImageTarget：将 Assets/HiAR-Unity/Prefabs 目录下的 ImageTarget 拖至 Hierarchy 窗口中（图4.54）。

图4.54　添加 ImageTarget

②设置识别图片。在 Hierarchy 窗口中选中 ImageTarget，在其对应的 Inspector 窗口中找到 HiAR Target Mono Behaviour （Script），在 Data Set 选项中选择 sample。此时，编辑窗口中将显示一张"苹果"的图片，这是刚刚设置的识别图片，如图4.55所示。

提示：sample 是 SDK 中内置的本地识别包，包含两张识别图片，可以在 Image Target 选项中进行选择。

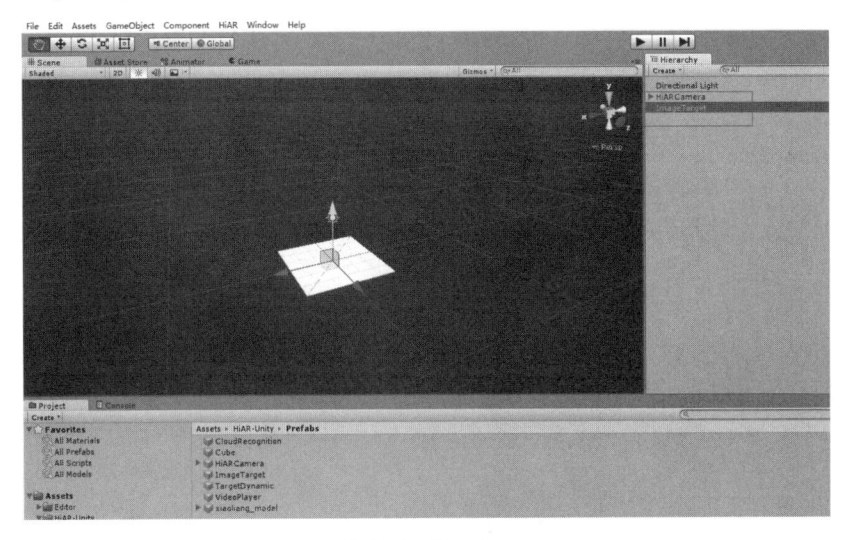

图4.55　识别图片

（5）AR 制作与运行。

①添加 Cube：在 Hierarchy 窗口中选中 ImageTarget，右击并在弹出的菜单中选择 3D Object > Cube，识别图片上将显示一个立方体模型。这个模型就是在识别图片上叠加的 AR 内容，用户可以适当调整模型的大小以便查看，如图4.56所示。

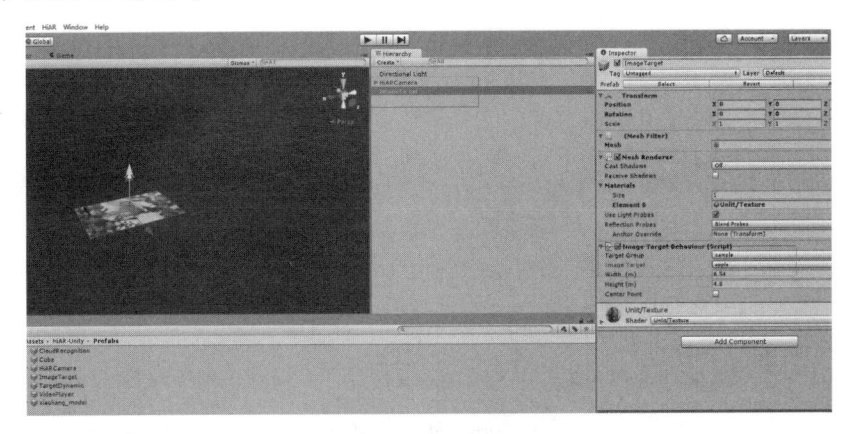

图4.56　添加 Cube

②调试运行：上述操作完成后，需要在 Unity 环境下运行以查看效果。在运行之前，确保计算机已安装了摄像头。

单击"运行"按钮，摄像头将启动并采集画面；将摄像头对准"苹果"图片（单击此获取），识别成功后将在图片上叠加显示一个立方体模型，如图 4.57 所示。

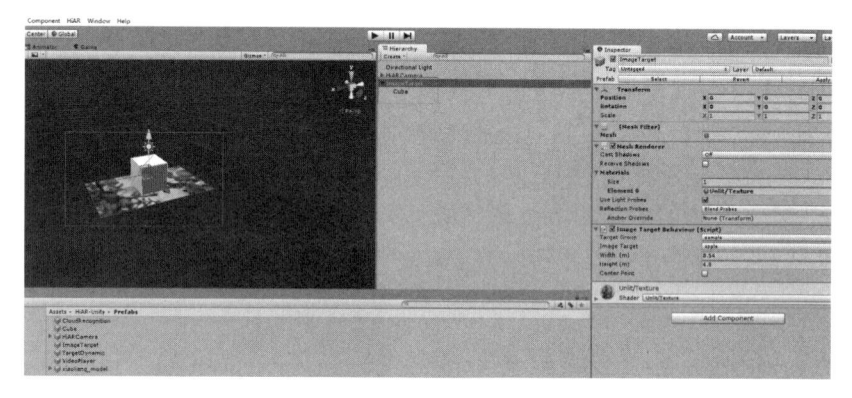

图 4.57　调试运行效果

③完成：至此，已成功创建了一个简易的 AR 应用。

4.2.4.3　利用 HiAR 完成一个"涂涂乐"儿童读物 AR 应用过程

本部分将介绍如何使用 HiAR SDK 创建一个简单的"涂涂乐"应用。

1. Step 1　基础开发及设置

（1）新建 Unity 工程并导入 SDK；

（2）创建 HiARCamera；

（3）设置 AppKey 和 Secret；

（4）创建 ImageTarget。

2. Step 2　设置 ImageTarget

在 Hierarchy 窗口中选中 ImageTarget，在其对应的 Inspector 窗口中找到 HiAR Target Mono Behaviour（Script），在 Data Set 选项中选择 color3D（图 4.58）。此时，编辑窗口中将显示一张鱼的图片，这是刚刚设置的识别图片，如图 4.59 所示（说明：color3D 是 SDK 中内置的本地识别包，供教程使用）。

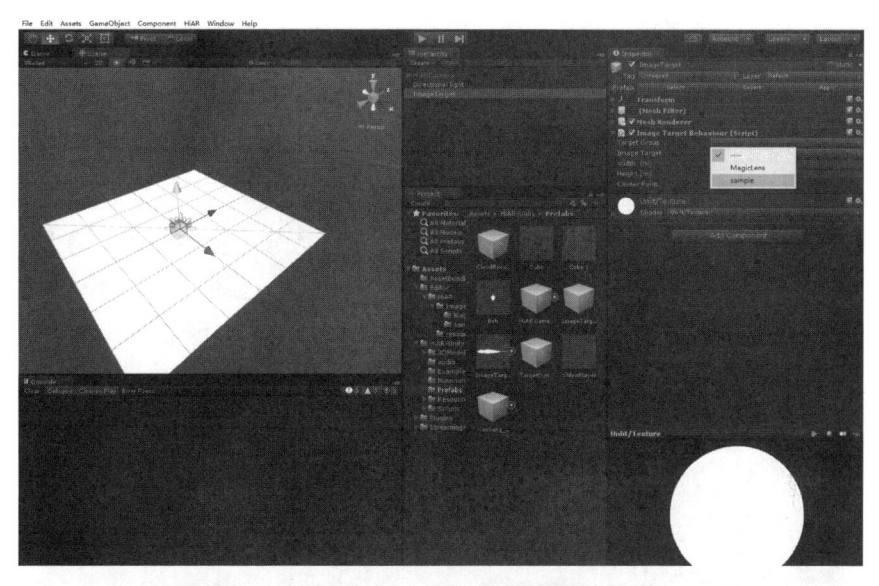

图4.58　ImageTarget设置窗口

图4.59　识别图片效果

3.Step 3　设置 3D 模型

本部分中使用的是一个鱼的 3D 模型，用户可以在 Assets/HiAR-Unity/

3DModels 目录下找到名为 fish 的文件。将 fish 拖至 Hierarchy 窗口中并设置为 ImageTarget 的子项，适当调整位置和大小，如图 4.60 所示。

单击 ImageTarget 下的 fish，在其对应的 Inspector 窗口中单击 Add Component，依次选择 Scripts →HiAR Paint，如图 4.61、图 4.62 所示。

图 4.60　选择模型

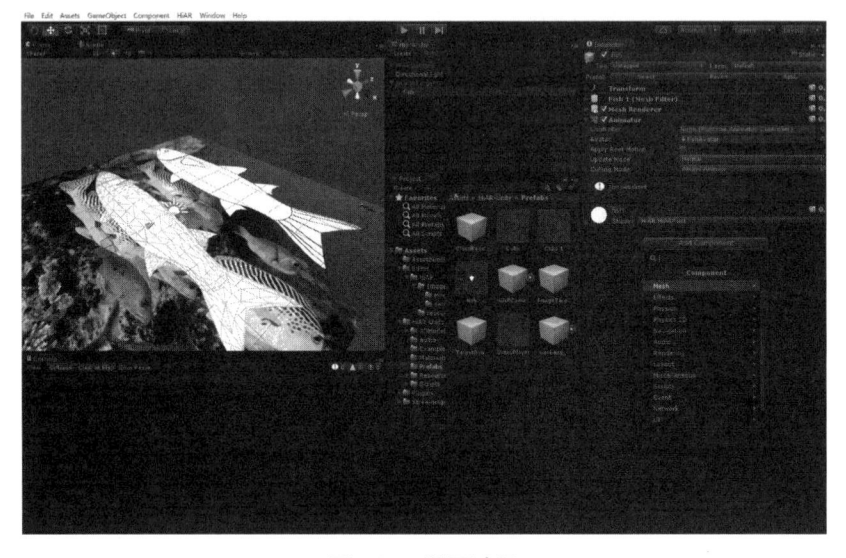

图 4.61　设置过程

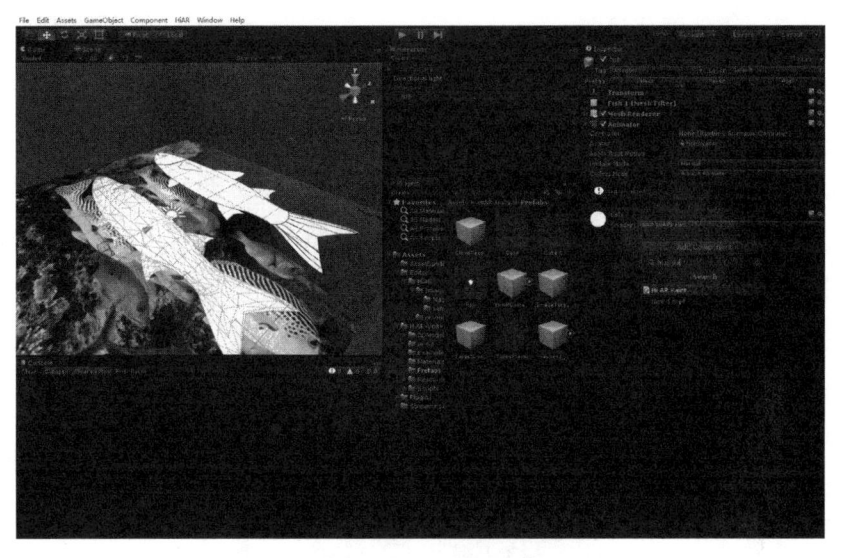

图4.62 完成3D模型设置

4.Step 4 设置 Shader

在 3D 文件 fish 的同级目录下找到 Material 文件夹并打开，找到对应的材质文件 fish（图4.63）。单击 fish，在对应的 Inspector 窗口中找到 Shader 选项，依次设置为 HiAR→HiARPaint。

图4.63 设置 Shader

5.Step 5　调试运行

上述操作完成后,需要在 Unity 环境下运行以查看效果。在运行之前,请确保计算机已安装了摄像头。

单击"运行"按钮,摄像头将启动并采集画面;将摄像头对准鱼的图片,识别成功后将在图片上叠加显示鱼的模型,并且模型上会显示对应涂色的颜色与图案(图4.64)。

图4.64　识别模型

(作者已经将图片打印出来,并且在一条鱼的空白处涂上了颜色)

第5章　数字资源管理平台

5.1　概述

数字资源管理平台是对各类原始内容资源和加工后的数字内容产品资源进行存储、分类管理、审核、发布等流程化管理，以形成图书库、期刊库、图片库、音视频库等的系统工具。它可对海量存储的资源库进行系统化、科学、统一管理，形成出版企业数字资源素材存储中心、版权中心、运营的支持中心。

目前国内出版行业常用的数字资源管理平台有方正智汇资源管理系统、同方TPI出版资源管理平台、斯麦尔数字资源管理平台等。本章以斯麦尔数字资源管理平台为例来介绍。

斯麦尔数字资源管理平台具有出版企业数字资源采集、管理及内部数字内容展示等功能，包含三个子系统：数字资源采集系统、数字资源管理系统、数字资源展现系统。

数字资源采集系统主要为用户提供快捷的成品文件及原始文件模板采集、资源文件拖拽上传、资源搜索、资源导出等操作。开启采集服务后即可登录采集工具。

数字资源管理系统对出版企业各种出版资源进行统一编目、统一存储、统一管理，用数据库技术对出版企业内图书、期刊、图片、音视频、知识条目、试题等多种出版资源建立关联关系，形成资源网，进行规范、统一的管理，为出版企业奠定数据基础，为应用发布提供产品和数据服务。

数字资源展现系统 为用户提供内部的资源共享、展示，通过对不同角色用户进行授权，共享使用内部数字资源。数字资源展现系统包括资源分类及全文检索和元数据检索，输入想要查询的条件，可搜索出不同的资源。

5.2 数字资源采集系统

5.2.1 模板采集

5.2.1.1 模板下载

可以根据需要选择相应的资源类型，下载excel模板，如图5.1所示。

图5.1 模板下载页面

5.2.1.2 模板采集

可以根据相应的excel表单，填写资源元数据信息和资源路径。选择资源类型进行批量图书、期刊、音频、视频及图片等资源的采集，如图5.2和

图 5.3 所示。

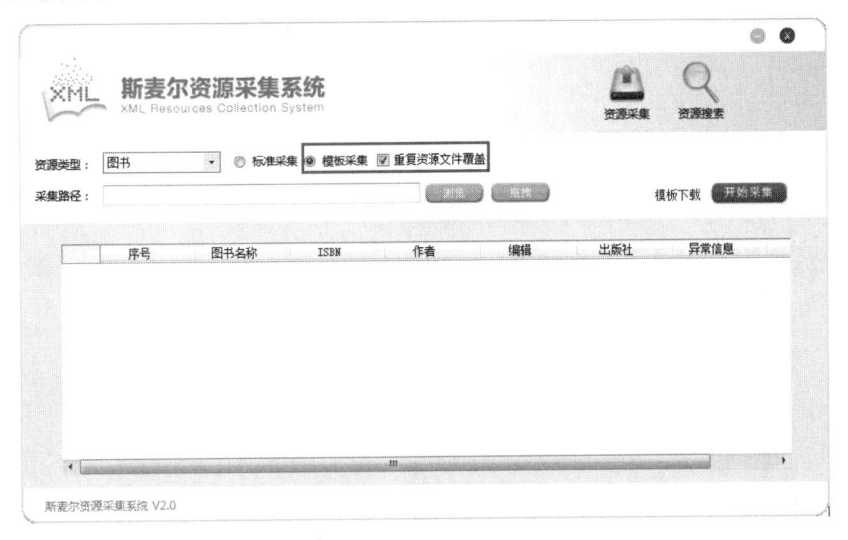

图 5.2 模板采集页面

图 5.3 音频采集模板展示

不选"重复资源文件覆盖",已上传的资源元数据和文件都不会再次上传。

选中"重复资源文件覆盖",已上传的资源文件会覆盖掉原有的文件。

5.2.2 标准采集

标准采集需选择资源类型,然后指定文件路径;系统将把资源元数据信息、原文件和成品文件同时采集入库。如果相应的文件路径下有多本资源,系统则可将多本资源采集入库,如图 5.4~图 5.6 所示。

图5.4 标准采集选择采集路径

图5.5 标准采集资源采集

图5.6 标准采集资源采集成功

5.2.3 拖拽上传

无论是标准资源采集还是模板采集,将选中的文件拖拽到固定的区域即可完成拖拽上传,系统的采集路径中会自动显示资源或模板的路径,方便用户资源路径的查询,如图5.7所示。

图5.7 标准采集拖拽上传页面

5.2.4 资源搜索

通过资源类型、资源名称等可对导入的资源进行查询。查询出的资源，以鼠标单击资源名可显示资源结构，用户可根据需求拖拽上传单本资源的文件，如图5.8所示。

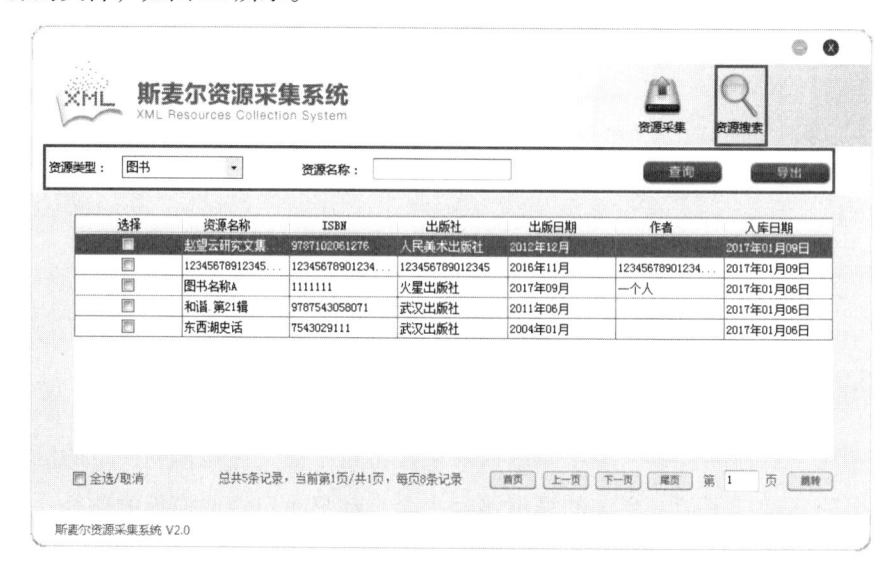

图5.8 资源搜索

5.2.5 导出书单和下载资源

导出按钮：默认下载选中资源。

右键菜单：导出全部书单（根据查询条件导出所有书单），也可导出选中书单，下载选中资源，如图5.9和图5.10所示。

5.2.6 资源文件管理

双击资源文件，打开资源文件管理，对文件进行拖拽上传、查看、删除和下载，如图5.11～图5.14所示。

只有被赋予管理人员角色的用户可对资源进行删除操作。

图5.9 选择书单页面

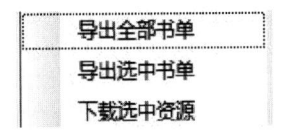

图5.10 资源下载、导出书单页面

图5.11 资源文件管理页面

图5.12 选定资源文件

图5.13 选择资源文件，右键删除、下载

图5.14 拖拽文件至空白处可上传文件

5.3 数字资源管理系统

数字资源管理系统由版权管理、资源管理、审核、统计分析、机构资

源、系统管理六个模块组成，如图5.15所示。

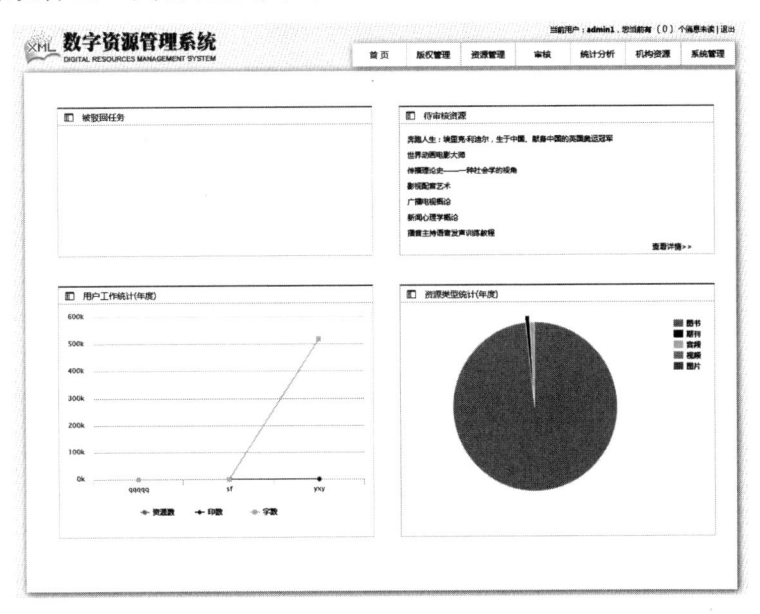

图5.15 数字资源管理系统首页

5.3.1 版权管理

5.3.1.1 版权方管理

版权方管理提供添加、修改、删除、查询版权方功能，版权方信息是版权合同的基础信息，如图5.16、图5.17所示。

图5.16 新增版权方

图5.17　版权方列表

5.3.1.2　版权方合同管理

版权方合同管理提供添加、删除、修改、查询版权方协议、版权方合同扫描文件上传存储功能，如图5.18所示。

图5.18　新增版权方协议

添加子合同：版权方合同管理向客户提供子合同管理功能，包括添加、删除、修改、查询子合同、子合同扫描文件上传存储功能。子合同存储合同编号以实际纸质合同编号为准，便于用户根据实际合同定位系统中的数字资源信息，如图5.19所示。

图5.19　添加子合同

5.3.1.3　版权方资源管理

版权方通过系统可以快速掌握拥有的数字资源情况，了解系统中资源版权的有效性，提高数字资源利用率，提高数字资源效益，避免因不了解资源的版权情况而影响资源的销售。系统可以根据版权方合同快速查询对应合同下的数字资源情况，也可以了解到想要掌握的资源版权信息；系统提供已到期资源提醒，近一月到期资源提醒功能，便于用户掌握资源的版权有效期，以进一步处理这些到期的资源，如续期或对没有价值的资源下架，避免资源版权纠纷的法律风险，如图5.20所示。

图5.20　版权方资源列表

5.3.1.4 销售商管理

销售商管理模块提供添加、修改、删除、查询功能。销售商信息与销售合同直接关联，并与最终销售成品输出格式直接映射；同时销售维护做好，也便于对销售资源的版权控制，有利于数字资源销售版权的维护管理。添加销售商如图5.21所示。

图5.21 添加销售商

5.3.1.5 销售商合同管理

销售商合同管理，提供销售合同添加、修改、删除、查询，销售合同原件扫描上传、删除、查询功能。添加销售商合同如图5.22所示。

图5.22 添加销售商合同

销售商合同管理也向客户提供子合同管理功能。审核通过的协议通过"关联资源"操作建立合同与系统资源的关系,在审核中被驳回的协议,可以再编辑直至通过审核。子合同与主合同只有删除的从属关系,删除主合同,子合同也会随之删除。但是子合同与主合同的有效期限不受限制,如图5.23所示。

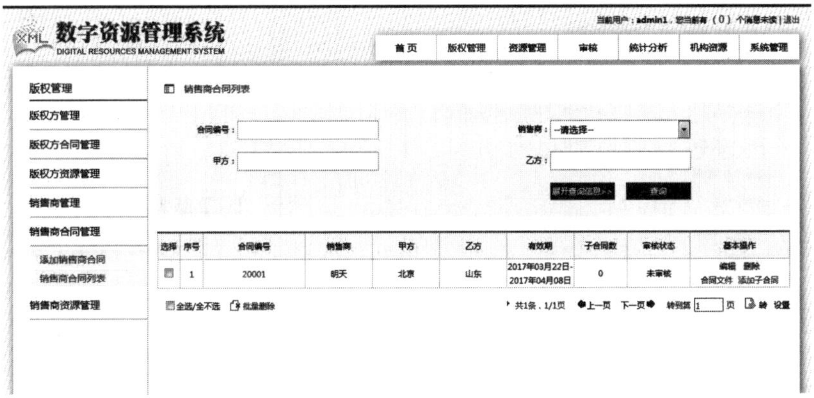

图5.23 销售商合同列表

5.3.1.6 销售资源管理

销售资源管理,可有效地保障系统中售出资源版权的可控性,系统可以根据销售合同快速掌握对应合同下售出的数字资源情况,也可以通过查询了解到想要掌握的售出资源版权情况。系统还提供已到期资源提醒,近一月到期资源提醒功能,便于用户掌握售出资源的版权有效期,以进一步处理这些到期的资源,如续签、督促销售方下架,充分保证出版社的权益。相关操作界面如图5.24所示。

5.3.2 资源管理

资源管理模块管理图书、期刊、音频、视频、图片及回收站资源等信息。

5.3.2.1 图书、期刊、视频、音频、资源管理

该操作主要针对资源的元数据信息进行管理,元数据信息主要是描述

数据属性，用来支持（如指示储存位置）文件记录等功能，是一种电子式目录，为了达到编制目录的目的，必须描述并收藏数据的内容或特色，进而达成协助数据检索的目的。维护好图书、期刊、音频、视频资源是系统的基础。元数据信息能够精确描述资源属性，便于系统对资源的统计查询。操作界面如图5.25～图5.27所示。

图5.24　售出资源列表

图5.25　添加资源元数据信息

图5.26 资源元数据信息维护列表

图5.27 查看资源元数据详情

5.3.2.2 图片资源管理

该操作主要针对于图片进行管理,可以实现图片资源上传。

(1)添加图片资源:可以添加图片资源,并且可以实现编辑、删除功能，如图5.28、图5.29所示。

图5.28　添加图片资源

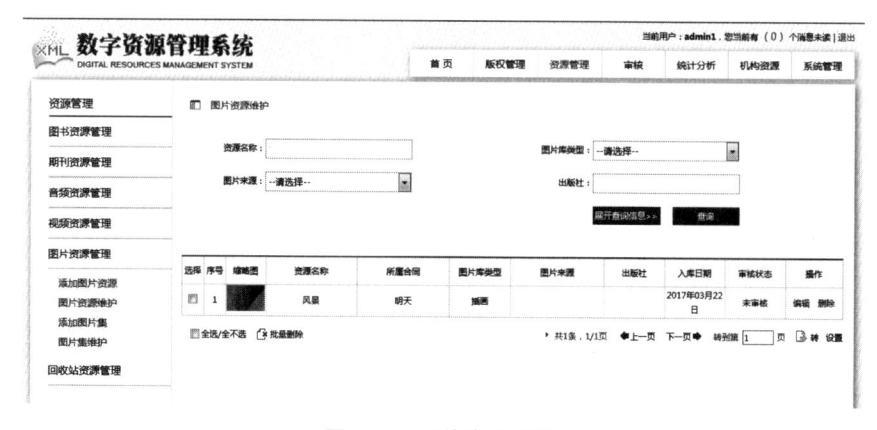

图5.29　图片资源维护

（2）图片集管理：可以对图片集进行添加、查询、编辑、删除等操作，如图5.30所示。

图 5.30　添加图片集

5.3.2.3　资源回收站

资源回收站功能是为了避免操作人员对资源信息误删除，提供的一个缓冲功能。操作人员删除资源信息时，系统把资源标记为删除状态，存入系统的资源回收站中，并不真正从系统中将数据删除。当操作人员确认不需要这个资源时，从资源回收站中可以彻底删除对应的资源。如果操作人员发现误删除了，也可以通过资源回收站"还原"操作，来恢复数据。操作界面如图 5.31 所示。

图 5.31　回收站操作

5.3.3 审核

审核模块包括对资源的审核、协议的审核及资源的发布操作。

5.3.3.1 资源审核

资源审核根据资源类型不同分为图书资源审核、期刊资源审核、音频资源审核、视频资源审核、图片资源审核等。审核工作主要确认资源元数据是否完整正确，资源成品文件、原始文件是否入库。审核结果如果无误则通过审核，否则驳回，驳回后相关操作人员对元数据进行修改，或对原始文件重新上传，对文件加工成品，然后再次进行审核操作，如图5.32所示。

图5.32 待审核资源列表

5.3.3.2 协议审核

协议审核包含版权方合同审核和销售商合同审核。

5.3.3.3 资源发布

资源发布能将已通过审核的资源发布到数字资源展现平台，在数字资源展现平台就可以看到相应的资源，也可撤销发布的资源，如图5.33所示。

图5.33 资源发布

5.3.4 统计分析

统计分析用图表的形式向用户展示数据情况。用户可选择统计类型和时间查询数据情况或导出统计情况，如图5.34所示。

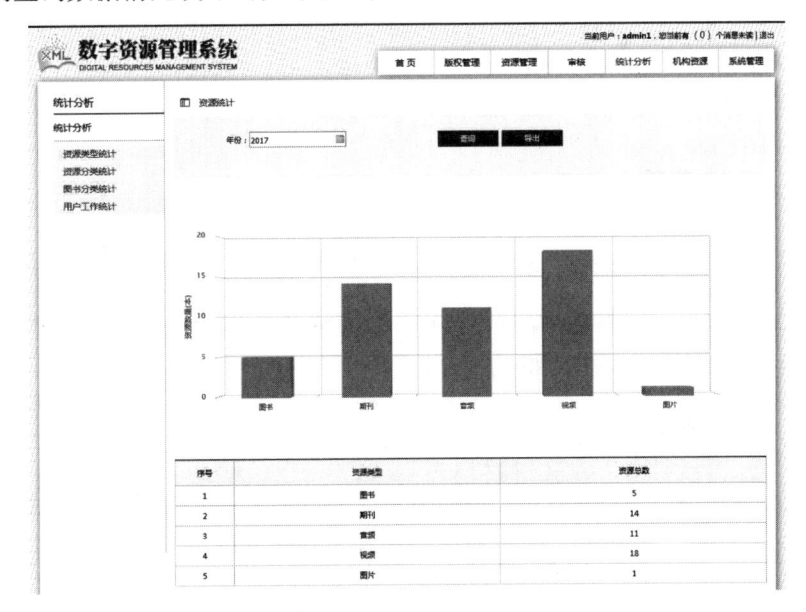

图5.34 统计分析

5.3.5 机构资源

机构资源主要是为机构用户提供该机构及其下属机构的全部资源查询功能,如图5.35所示。

图5.35 机构资源

5.3.6 系统管理

系统管理模块包括个人信息管理、用户管理、角色管理、机构管理、相关人员角色、资源文件产品类型、出版物非常用信息字段、自定义分类、资源文件属性分类、部门管理等10个基本功能。

5.3.6.1 个人信息管理

个人信息管理包括个人资料的展示、重置密码、站内消息列表及个人操作日志,通过查看个人日志可了解操作类型和操作结果,如图5.36、图5.37所示。

图 5.36 个人信息

图 5.37 个人日志列表

5.3.6.2 用户管理

用户管理用于管理系统内的操作用户添加、修改、停用、查询，赋予用户操作角色。用户管理是系统安全的基本保障，所以系统管理员要对用户操作严格控制。操作界面如图 5.38 所示。

图5.38 添加用户

5.3.6.3 角色管理

角色管理是用户权限控制的纽带，通过对角色的控制就可以控制用户的操作权限。系统提供添加角色、修改、删除、对角色赋予权限操作。操作界面如图5.39所示。

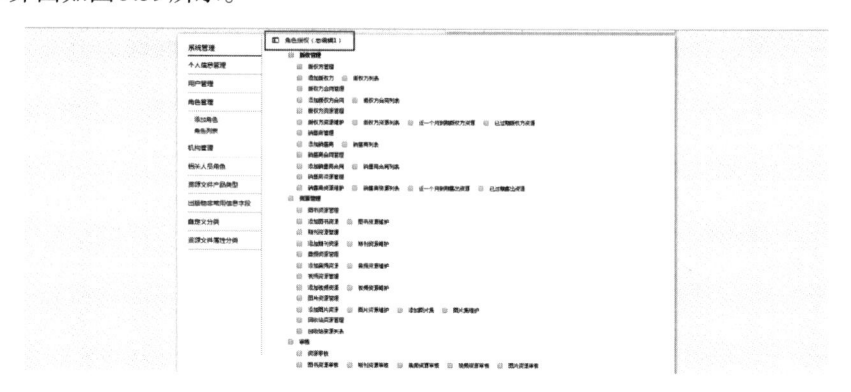

图5.39 对角色赋予操作权限

5.3.6.4 机构管理

机构管理是针对集团用户管理集团下不同机构的用户及各机构资源的基本保证，由系统管理员创建机构，在添加用户和角色时，直接将其分配到不同机构下以便管理机构提供必要的添加、编辑、删除功能。操作界面如图5.40所示。

图5.40 添加机构

5.3.6.5 相关人员角色

相关人员信息是添加、编辑资源时重要的元数据信息。每添加一个机构，系统会自动在相关人员列表处添加几种资源类型的最基本相关人员信息，所添加的相关人员角色会根据机构的不同加载于资源管理添加资源处。如果需要特殊相关人员角色信息，用户也可以单独添加。操作界面如图5.41所示。

图5.41 添加相关人员角色

5.3.6.6 资源文件产品类型

添加资源文件产品类型是文件采集的必要一环，每添加一个机构，系统会自动在资源文件产品类型列表处添加几种资源类型的最基本文件资源类型，所添加的资源文件产品类型根据机构的不同加载于采集工具和资源详情页处。如果需要上传特殊的资源文件产品类型信息，用户也可以单独添加。操作界面如图 5.42 所示。

图 5.42　添加资源文件产品类型

5.3.6.7 出版物非常用信息字段

添加出版物非常用信息字段是在资源管理平台添加、编辑资源信息非常重要的一环，每添加一个机构，系统会自动在非常用信息字段列表处添加几种资源类型的最基本的非常用信息字段，所添加的非常用信息字段会自动加载于添加、编辑资源信息处。如果需要特殊字段，用户也可以单独添加和修改。操作界面如图 5.43 所示。

5.3.6.8 自定义分类

自定义分类维护页面系统会给出初始的五种资源分类，用户可根据需求自定义添加，操作界面如图5.44所示。

图5.43 添加非常用信息字段

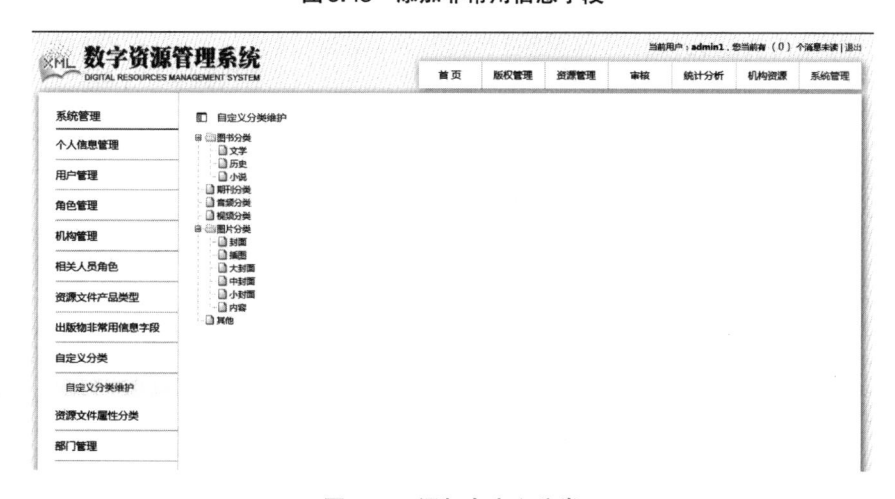

图5.44 添加自定义分类

5.3.6.9 资源文件属性分类

为了能使图片的添加和编辑功能更加完善，系统为用户提供了自定义添加资源文件属性分类的功能，用户可以根据需求添加资源文件属性，操作界面如图5.45所示。

图5.45 添加资源文件属性

5.4 数字资源展现系统

5.4.1 图书/期刊

图书/期刊有两种分类展示方式：按出版日期升序和出版日期降序展示。单击图书/期刊封面或名称可进入图书/期刊详情页查看信息。系统支持流式阅读和版式阅读，如图5.46和图5.47所示。

图5.46 图书

图5.47　期刊

图书/期刊详情页中展示图书/期刊的基本信息及相关图书/期刊，包括图书封面、图书名称、纸质书价格、电子书价格、作者、出版日期、适读对象、ISBN、自定义分类、图书译名、图书拼音名及出版社、图书目录、内容简介和相关图书。部分内容无数据时则不显示。单击图书目录的章节的名称可阅读章节内容。单击相关图书下的图书封面或名称可进入图书详情页。单击"收藏"键，可收藏图书、期刊，如图5.48所示。

图5.48　图书详情页

5.4.2　音频、视频、图片

音频、视频、图片列表可展示所有类型的音频、视频、图片资源，音频、视频、图片分类展示有两种：按发行日期升序和发行日期降序展示，如图5.49所示。

图5.49 音频分类展示

5.4.2.1 视频、音频详情页

视频、音频详情页中展示视频、音频的基本信息及视频、音频目录，包括视频名称、价格、出品人、自定义分类、发行日期、译名、视频拼音名、ISRC、电子定价、出版社和视频目录等，如图5.50和图5.51所示。

图5.50 视频详情页

图 5.51 音频详情页

5.4.2.2 图片详情页

图片详情页展示了完整的图片，用户可查看整个图片的展示信息，包括插图、封面等，如图 5.52 所示。

图5.52 图片详情页

5.4.3 全文检索

全文检索的资源类型有两种：图书和期刊资源。查询条件可设置三种，单击"重置条件"，可重新设置查询条件，如图5.53所示。

图5.53 全文检索

5.4.4 元数据检索

元数据检索的资源类型有5种：图书、期刊、视频、音频及图片资源，想要设置查询的条件最多5条，支持精确查询和模糊查询，单击"重置条件"，可重新设置查询条件，如图5.54所示。

图5.54 元数据检索

5.4.5 个人中心

个人中心记录了用户的收藏资源、个人信息、密码修改及最近浏览信息等，如图5.55所示。

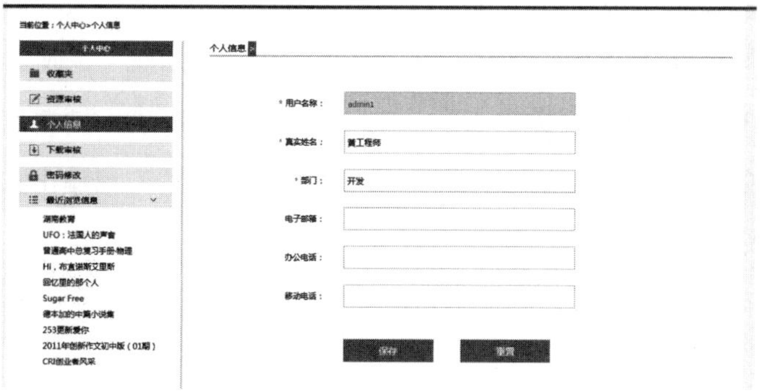

图5.55 个人中心页面

第6章 协同出版系统

6.1 概述

协同出版系统基于XML结构化数据标准构建。从工作方式上，它可以满足出版机构内部不同角色之间的协同与合作需要；从生产流程上，实现了从结构化内容编辑加工、审核、校对，到产品策划和生成全流程的数字化。

目前市场上的协同出版系统有为方正书畅协同编纂系统、斯麦尔协同编纂出版系统等。本章以斯麦尔协同编纂出版系统为例来进行介绍。

斯麦尔协同编纂出版系统是基于国际出版机构广泛使用的Adobe Indesign Server软件进行开发的，美编上传indd排版文件到服务器上，编辑在家或者在办公室，只需要使用IE浏览器，双击indd排版文件即可进行所见即所得的修改，使得设计、排版、编辑、作者"云协同"出版。

该系统拥有数字化流程管理、动态出版管理、内容创作编辑管理、排版文件在线编辑、批注管理等模块，支持数字化流程自定义。斯麦尔协同编纂系统从选题立项开始，对一审、二审、三审、外审、校对、外协排版等各个出版环节进行流程设置；可以为创作、投约稿、编辑、排版、审核、发布等各环节提供协同工作环境。经过协同编校流程输出xml和pdf文件，实现纸质出版物出版与数字出版物同步出版。

6.2 主页

在"我的主页"区域，待办事宜内，可以看到所有待办事项的缩略信息，单击对应的图标，即可打开任务，如图6.1所示。

图6.1 待办事宜

6.3 个人办公

单击左侧功能导航，流程中心—我承接的流程—待办事宜，即显示所有自己的待办事宜，单击书名，即可打开任务，如图6.2所示。

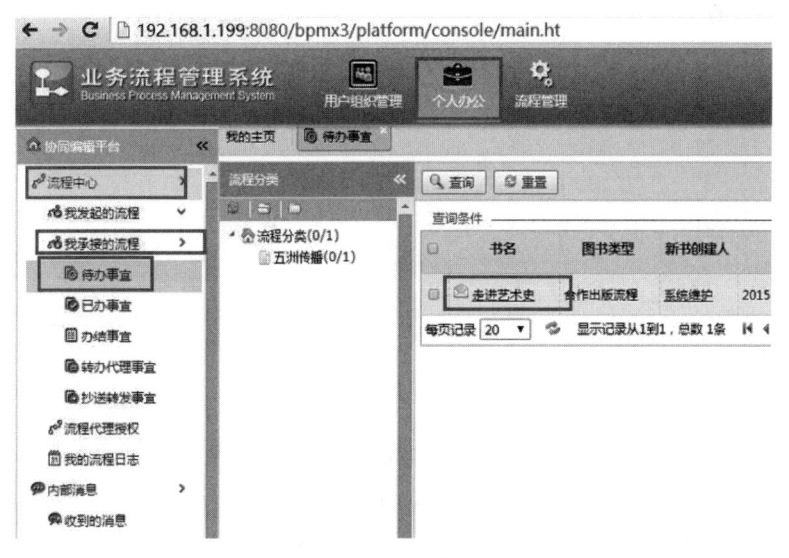

图6.2 个人办公

处理待办任务如下。

1.任务页面简介

任务提示区：打开任务页面，页面顶部和页面左上角即任务提示区。任务提示区会显示当前任务名称、流程名称、流程版本号。

菜单功能区：任务提示区下方是菜单功能区区域，可以完成提交、驳回、转交待办、保存表单、查看流程图、打印表单、查看审批历史、与用户沟通等功能。

意见填写区：菜单功能区域下方是意见输入框，任何意见包括一审二审三审意见都在此输入。

表单区：最下面的区域是表单内容区域，用户可以查看表单数据，修改数据（当前任务有权限的字段），下载附件等。

任务页面如图6.3所示。

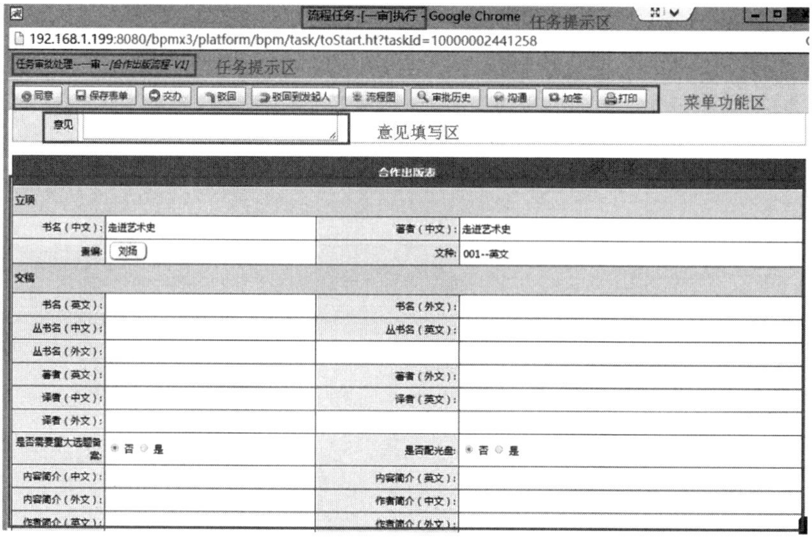

图6.3 任务界面

2.菜单功能区简介

待办任务的菜单功能区区域，可以实现同意、驳回、转交待办、保存表单、查看流程图、打印表单、查看审批历史、与用户沟通等功能，如图6.4所示。

图6.4 菜单功能区简介

1）同意、驳回、转交待办

完成待办事项表单后即可单击"同意"按钮进入下一流程。表单会自动检测是否已完成。

流程进行中（如三审三校过程）发现上一流程稿件不合格、审校意见模糊等问题，可以填写驳回意见并单击"驳回"。

流程进行中，遇到特殊情况可以单击"转交待办"将已分配的该流程转交给其他用户办理，转交待办功能。

2）查看流程图功能

单击菜单功能区流程图按钮"流程图"，可以查看新书的流程处理情况。鼠标移至流程点，可以查看具体任务执行情况，如图6.5所示。

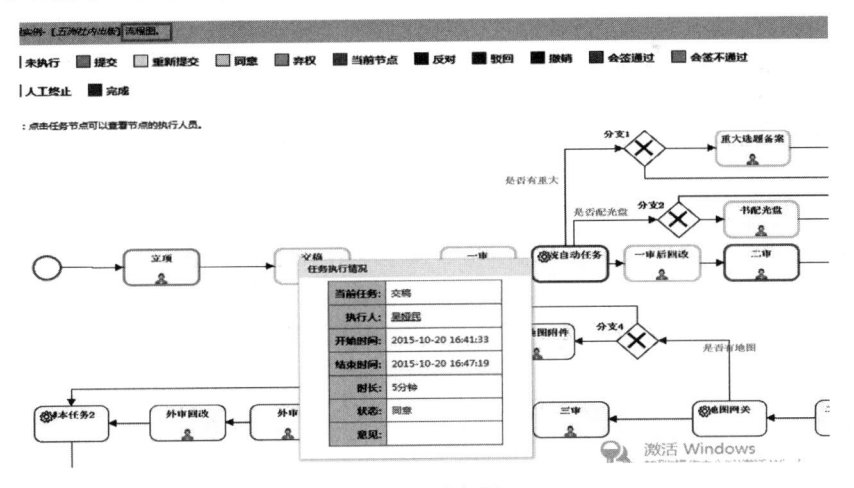

图6.5 流程图

3）打印表单功能

可以单击菜单栏的打印按钮，打印表单，如图6.6所示。

图6.6　打印功能

4）查看审批历史功能

单击"审批历史"按钮，可以查看流程的审批历史明细，如图6.7所示。

图6.7　查看审批历史

5）与用户沟通功能

可以在菜单功能栏单击"沟通"按钮与其他用户进行任务沟通，沟通时可以选择站内消息、邮件、手机短信三种方式发送沟通信息，如图6.8所示。

图6.8　任务沟通

6）上传附件

单击表单中"选择"按钮，即可打开上传文件窗口，如图6.9～图6.11所示。

图6.9 一审选择页面

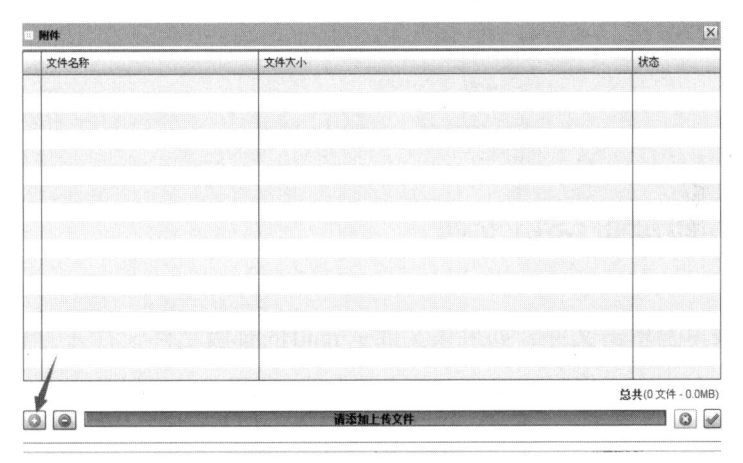

图6.10 添加附件页面

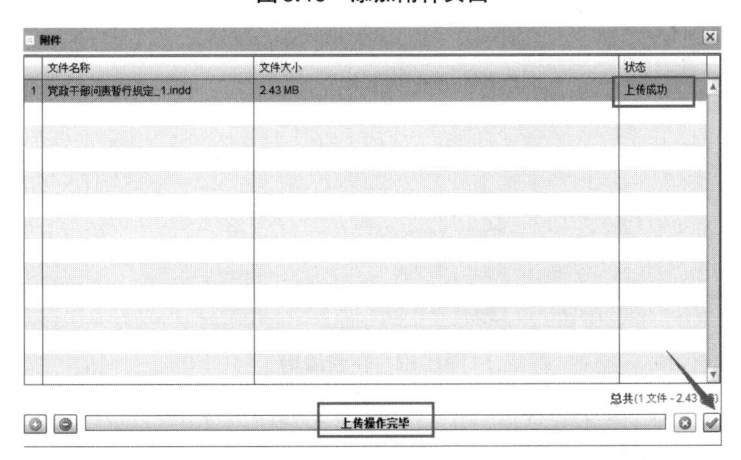

图6.11 上传页面

在打开的上传文件窗口，单击左下角的绿色加号按钮，选择一个本地文件，单击"确定"。

7）下载附件

在弹出的页面内下方单击"下载"，即可下载附件，如图6.12所示。

图6.12　下载附件页面

6.4　在线编辑indd文件

在表单上单击文件，如果该文件是.indd的排版文件，打开的下载附件窗体内，会有在线编辑的按钮。单击"在线编辑"，就可以打开在线indd编辑器，如图6.13所示。

图6.13　在线编辑

分配人员：在分配人员表单页，单击"选择"按钮，打开选择人员的窗口，选中人员，单击"选择"按钮即可分配人员，如图6.14、图6.15所示。

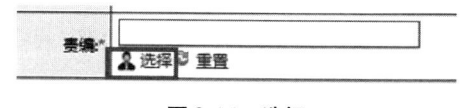

图6.14　选择

图6.15 用户选择

6.5 查看已完成任务

在"我的主页已办事宜"内,可以看到所有已办事项的缩略信息,单击对应的图标,即可打开任务。

单击已办事宜页面右上角的文件夹图标,即可查看"已办事宜"。

选择某一已办事宜打开已办任务表单中菜单功能区区域,可以对已办事宜进行追回、撤销、催办、运行明细、查看流程图、查看审批历史、导出成Word文档等操作,如图6.16所示。

图6.16 查看已完成任务页面

6.5.1 追回功能

对于完成的图书任务可以追回,追回后则流程从立项开始重新进行。追回功能处理框如图6.17所示。

图6.17 追回功能页面

6.5.2 撤销功能

对于刚完成的任务,想撤销重新处理任务,则可以单击"驳回"按钮。若下一流程执行人还未开始执行任务,则撤销成功,如图6.18所示

图6.18 撤销功能页面

6.5.3 催办功能

单击"催办"按钮,可以对下一流程执行人发送消息,提醒尽快完成任务。催办处理框如图6.19所示。

图6.19　催办功能页面

6.5.4　查看运行明细

对于已办事宜，可以查看该图书运行明细，如图6.20所示。

图6.20　运行明细页面

6.5.5　导出成Word文档功能

单击"导出成Word文档"按钮，可以将表单数据导出成Word格式便于查看和归档。导出为Word功能如图6.21所示：

图6.21　导出Word文档功能页面

已办事宜中菜单功能区的查看流程图、查看审批历史功能与待办事宜菜单功能区功能类似，不再赘述。

6.6　查看已完成的图书流程

单击"流程中心"—"我承接的流程"—"办结事宜"，即可查看已完成的图书列表，如图6.22所示。

图6.22　办结事宜

6.7 查看未完成的图书流程

单击"流程中心"—"我发起的流程"—"新书管理",即可查看自己创建,还未结束的图书列表,如图6.23所示。

图6.23 新书管理

6.8 创建新书

单击"个人办公"—"流程中心"—"我发起的流程"—"创建新书",然后在右侧的新建流程列表选中要创建的图书分类,单击后打开创建新书的表单页面,输入所有必填项,单击"提交"即可创建一本新书,如图6.24和图6.25所示。

图6.24 创建新书页面

图6.25　创建新书页面

6.9　Indd编辑器界面及功能介绍

主界面如图6.26~图6.29所示。

（1）工具栏包括四个部分，分别是文件操作、编辑工作、辅助操作、查看内容（见图6.26）。

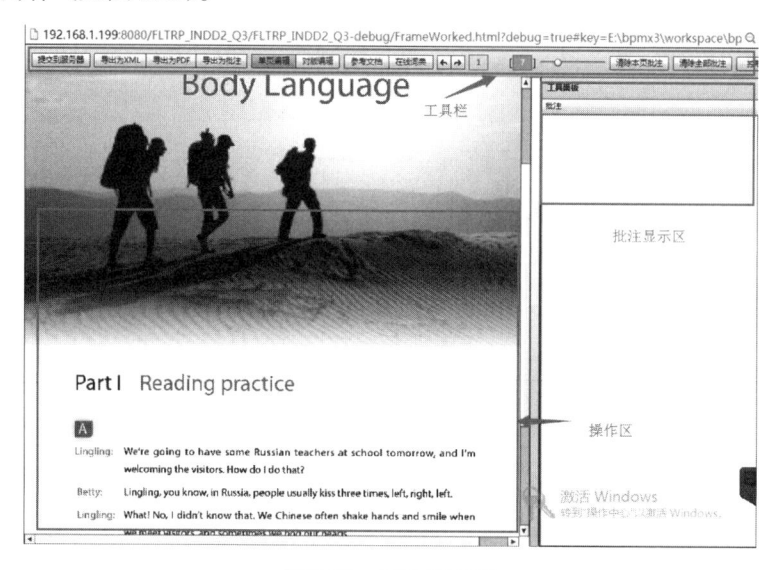

图6.26　工具栏页面

（2）操作区鼠标放在相应的位置可编辑的文本框高亮显示（见图6.27）。

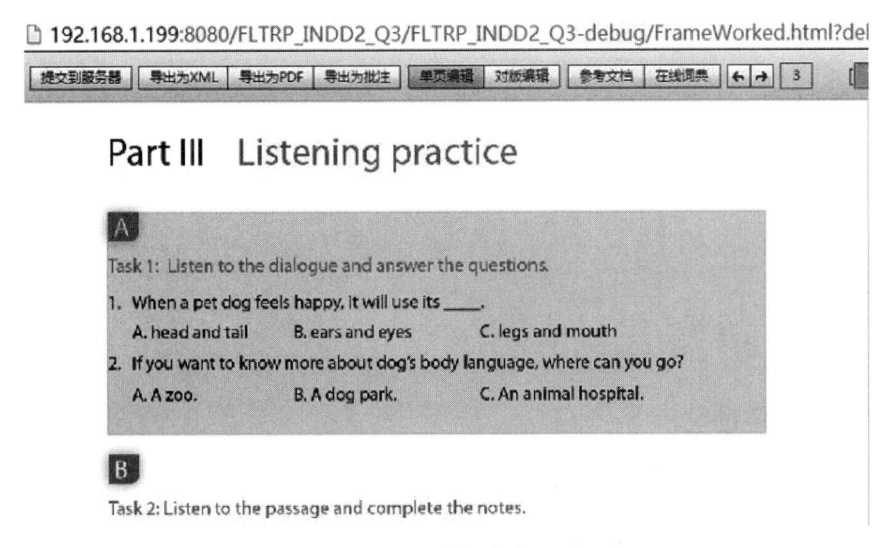

图6.27 文本框高亮显示

（3）单击鼠标左键弹出编辑区，如图6.28所示。

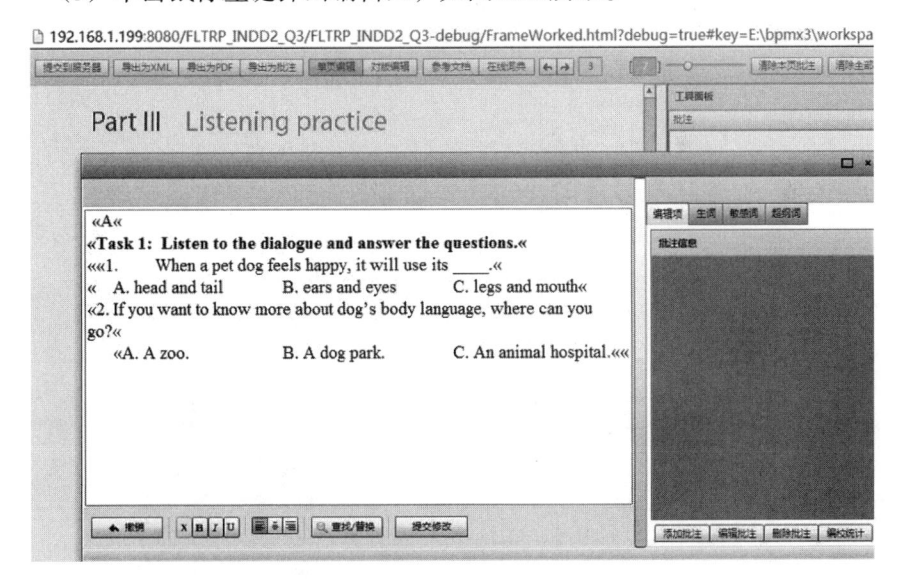

图6.28 编辑区页面

（4）批注显示区：对文档的批注会显示在批注显示区（见图6.29）。

图6.29

下面详细介绍批注显示区模块。

6.9.1 文字批注

（1）选中需要批注的文字部分，如图6.30所示。

图6.30 文字批注

（2）单击功能区"添加批注"按钮，如图6.31所示。

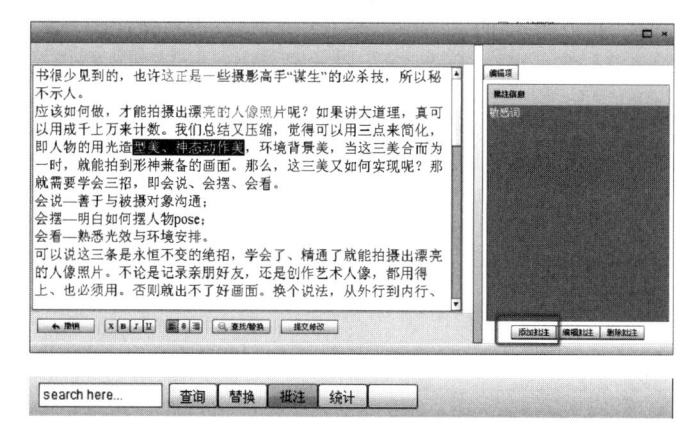

图6.31 添加批注

(3) 弹出批注窗口，在窗口内填写批注正文，如图6.32所示。

图6.32　批注窗口

(4) 单击"确认批注"按钮提交批注，如图6.33所示。

图6.33　确认批注

(5) 批注信息显示在左侧批注栏中，如图6.34所示。

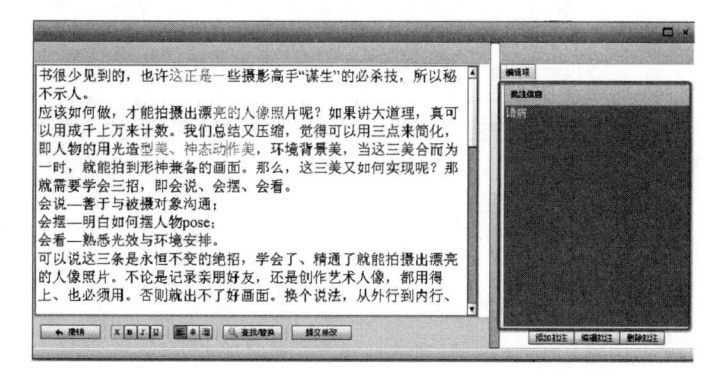

图6.34　批注信息显示

6.9.2 图片批注

选择需要添加批注的图片或表格区域,在批注窗内添加批注内容(见图6.35)。

图6.35 图片批注

6.9.3 修改文字

光标置于需要修改的文本区域并单击,打开编辑框,如图6.36所示。

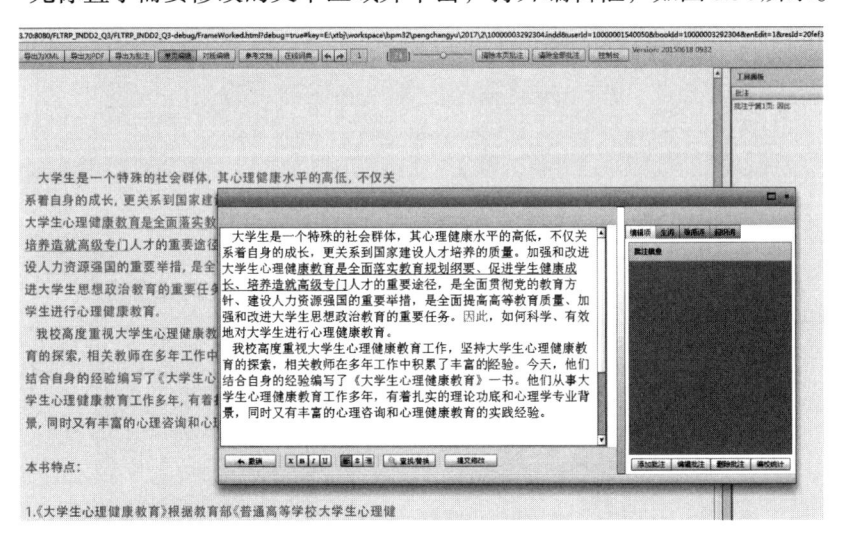

图6.36 修改文本

在编辑框内进行修改,支持添加、删除、复制粘贴等文本操作。

修改完毕单击"提交修改"按钮,保存并退出编辑框(见图6.37)。

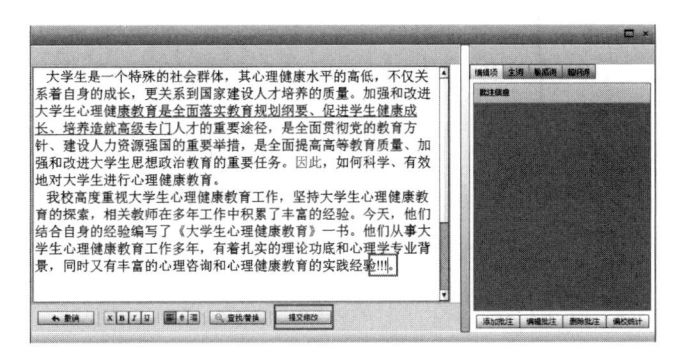

图6.37 提交修改

图6.38是前端页面显示的变更后的文本效果。

图6.38 修改后效果

6.9.4 设定样式

设定样式包括设定文字对齐样式。

1.文字对齐样式

文字对齐样式可为居左、居中或居右。

（1）选择需要修改对齐样式的区域（图6.39）。

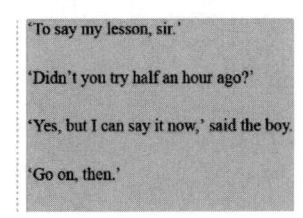

图6.39 选择需要修改对齐样式区域

(2)在编辑器中选择需要对齐处理的段落。

(3)执行对齐操作。

(4)单击"提交修改"按钮,保存并退出编辑框(见图6.40)。

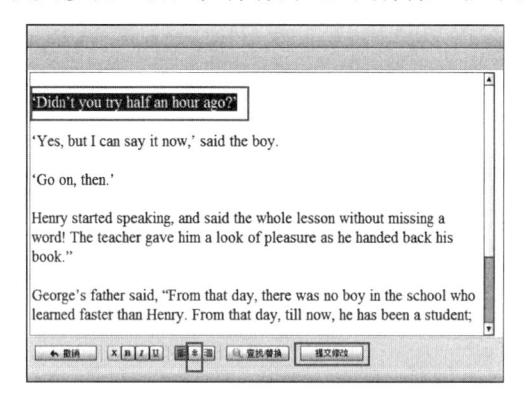

图6.40　文字对齐样式提交修改页面

(5)前端页面显示变更后文本效果(见图6.41)。

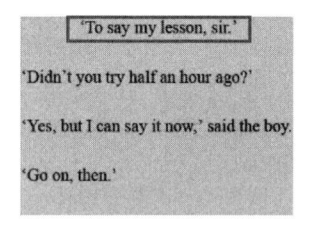

图6.41　文字对齐样式变更后文本效果

2.字体样式

字体样式包括加粗和加斜。

(1)选择需要修改字体样式的区域(见图6.42)。

图6.42　选择需要修改字体样式区域

(2)在编辑器中选择需要修改字体的文字区域。

(3)执行字体修改操作。

(4)单击"提交修改",即可保存至服务器(见图6.43)。

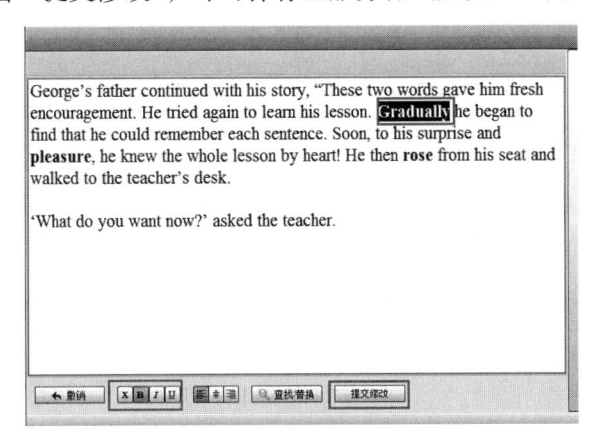

图6.43 字体样式提交修改页面

(5)前端页面显示变更后文本效果(见图6.44)。

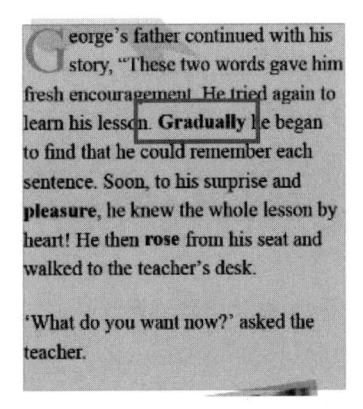

图6.44 字体样式变更后文本效果

6.9.5 导出功能

6.9.5.1 导出pdf文件

(1)单击"导出为pdf"。

(2)等待后台处理(见图6.45)。

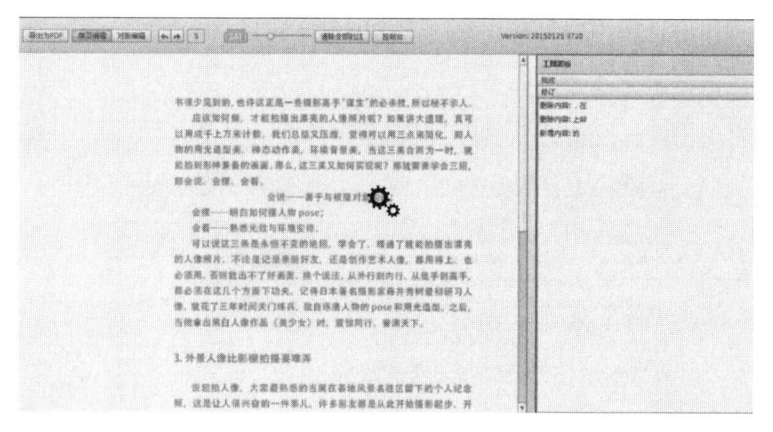

图6.45　等待后台导出为pdf

（3）确认下载（见图6.46）。

图6.46　确认pdf下载选择页面

（4）指定pdf文件存储位置（见图6.47）。

图6.47　指定pdf存储位置

（5）修改文件名称并保存。

6.9.5.2 导出xml文件

（1）单击"导出为xml"。

（2）确认xml文件下载。

（3）指定xml文件存储位置（图6.47）。

图6.48 指定xml存储位置

（4）修改文件名称并保存。

6.9.5.3 导出为批注

（1）单击"导出为批注"。

（2）确认批注下载。

（3）指定批注存储位置（见图6.49）。

图6.49 指定批注存储位置

（4）修改文件名称并保存（见图6.50）。

图6.50 修改文件名称并保存

第7章 内容再编辑与知识服务系统

7.1 概述

内容再编辑与知识服务系统针对专业出版领域机构，是基于专业学术领域的特色内容资源结合知识条目的深度二次加工，其目的是打造专业知识服务平台，为用户提供知识查询、知识检索、知识全文获取、相关联知识推荐、知识统计分析等服务。

目前市场上的内容再编辑与知识服务系统，有方正智享知识服务系统、同方腾云知识服务系统、斯麦尔内容再编辑与知识服务系统等。本章以斯麦尔内容再编辑与知识服务系统为例来介绍。

斯麦尔内容再编辑与知识服务系统采用大数据语义分析技术和自动主题抽取技术并结合专业知识加工人员标引的方式实现知识二次编撰。它支持自动和手动标引文章标题、作者、作者单位、责任编辑、期数、文章栏目、地域或部门、分类词、关键词、内容简介等。

7.2 文章标引

被分配的资源将会在文章列表下以列表的形式向当前登录用户展示要被标引的文章信息：序号、文章标题、作者、栏目、期数、责任编辑；列表页面主要提供标引的功能；文章列表中单击文章名称进入详情页可查看详情信息，详情页支持XML阅读，如图7.1所示。

图 7.1　文章标引页面

1. 查询

用户可通过文章标题、作者、栏目、期数、责任编辑来查询到相应的文章信息，如图 7.2 所示。

图 7.2　查询页面

2. 列表项功能

用户可以对每一条文章资源信息标引操作，如图 7.3 所示。

列表右下方有列表的分页和翻页功能。为保证页面的显示，列表每页显示 10 条数据，用户可根据自己需求翻页查看列表内容或输入相应数据所在的页码数，直接查询该页的数据。

3. 标引

标引页面左侧展示条目全文，右侧展示条目信息。

文章标题、作者、作者单位、责任编辑、期数、文章栏目不可编辑修改，数据取自资源管理下的文章列表中的对应数据。

图 7.3 列表项功能页面

单击"保存",可保存标引的数据,页面返回到文章标引列表。

单击"保存并下一条",将会跳到下一个要标引的条目页面,进行标引。

单击"返回",撤销标引,页面返回到文章标引列表。

7.3 未分配资源

未分配资源列表展示系统所有未分配的资源,管理员将资源分配给用户后,分配的资源将会在相应用户的文章标引列表中显示。分配方式有两种:文章选择和期刊选择。将期刊分配给用户后,期刊下的文章就会自动分配给用户;选择文章分配时,期刊下的文章被分配后,期刊也会对应分配。

未分配的资源将以列表的形式向当前登录用户展示要被分配的文章信息;列表页面主要提供分配的功能;列表中单击文章名称进入详情页可查看详情信息,详情页支持 XML 阅读。

1.查询——文章选择

用户可通过标题、作者、栏目、期数、责任编辑、分配人来查询到相应的文章信息，如图7.4所示。

图7.4　查询文章信息页面

2.查询——期刊选择

用户可通过期数、总期数、入库时间来查询到相应的期刊信息，如图7.5所示。

图7.5　查询期刊信息页面

3.列表项功能

对每一条文章或期刊资源信息用户可以对其分配操作，如图7.6和图7.7所示。

图7.6　文章选择展示

图 7.7　期刊选择展示

列表左下方有批量分配按钮，用户可根据自己的需求将列表的资源选择性分配或全选后分配。

列表右下方有列表的分页和翻页功能，为保证页面的显示，列表每页显示 10 条数据，用户可根据自己需求翻页查看列表内容或输入相应数据所在的页码数，直接查询该页的数据。

4.分配

单击"分配"按钮，可将选择的资源分配给系统含有的用户，分配完成后，被分配的用户的文章标引列表中显示分配的资源，如图 7.8 所示。

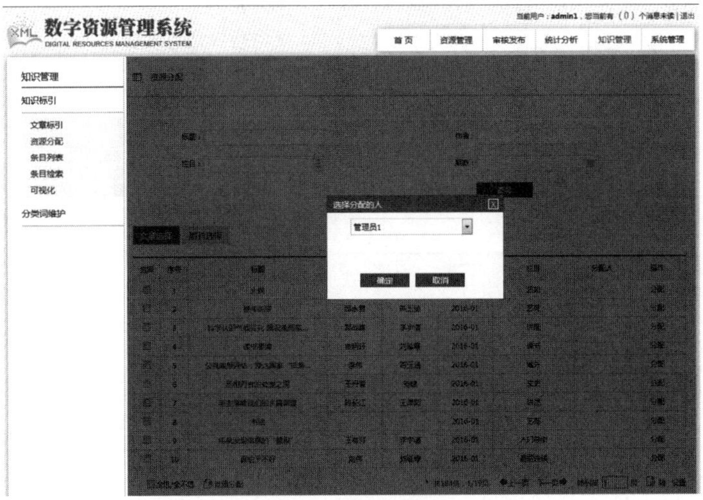

图 7.8　分配资源页面

7.4 条目列表

条目被标引后将会显示在条目列表下,以列表的形式向用户展示被标引的条目信息:序号、文章标题、作者、分类词、期数、标引人、审核状态;列表页面主要提供编辑和删除的功能;列表中单击文章名称进入详情页可查看详情信息,详情页支持 XML 阅读。标引后的条目可审核发布到资源应用系统,但审核通过的条目不可编辑删除,未审核和被驳回的条目可编辑删除,直到通过审核。

1. 查询

用户可通过文章标题、作者、分类词、期数、标引人来查询到相应的条目信息,如图7.9所示。

图 7.9 查询页面

2. 列表项功能

对每一条条目信息用户可以对其编辑和删除操作,如图7.10所示。

图 7.10 条目列表展示

用户使用删除操作时会弹出提示，选择"删除"时，条目数据将会被删除；取消操作，条目状态不变。单击"编辑"按钮，页面跳转至条目标引页面，用户可以对原有的条目信息进行编辑。

列表左下方有批量删除按钮，用户可根据自己的需求将列表的资源选择性删除或全选后删除。

7.5 条目检索

被标引后的条目可在条目检索处，根据分类词进行搜索，支持模糊查询条目名称、分类词、关键字和内容简介。搜索的结果支持流式阅读，如图7.11所示。

图7.11 条目检索页面

列表右下方有列表的分页和翻页功能，为保证页面的显示，列表每页显示10条数据，用户可根据自己需求翻页查看列表内容或输入相应数据所在的页码数，直接查询该页的数据。

7.6 可视化

可视化页面展示分类词与栏目之间的关系，可保存可视化关系图，如图7.12所示。

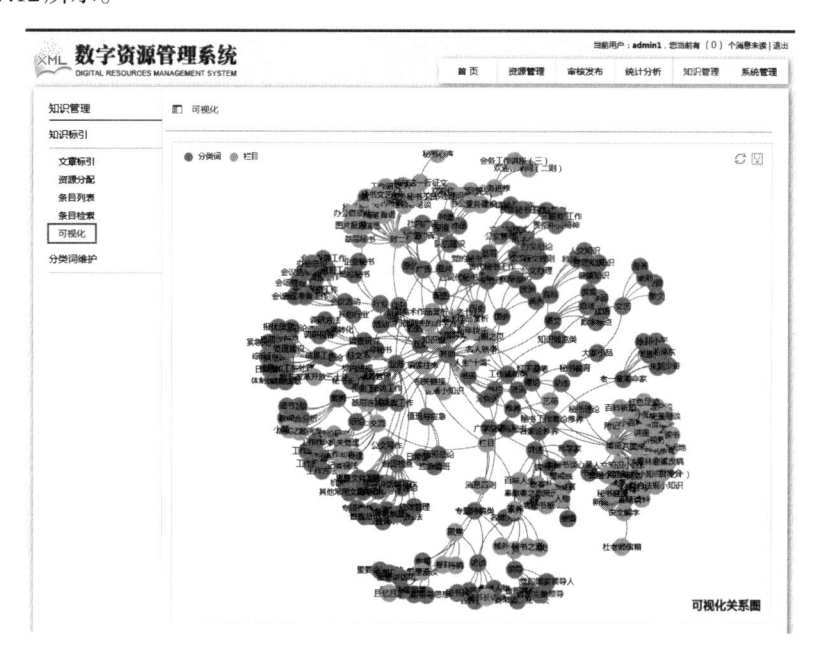

图7.12 可视化展示

7.7 分类词维护

分类词维护是对分类词和栏目的管理与维护。

7.8 分类词管理

登录用户可申请对分类词的编辑，单击"申请编辑"，填写申请原因，管理员通过审核后，可对分类词进行编辑修改，如图7.13和图7.14所示。

图7.13 申请编辑

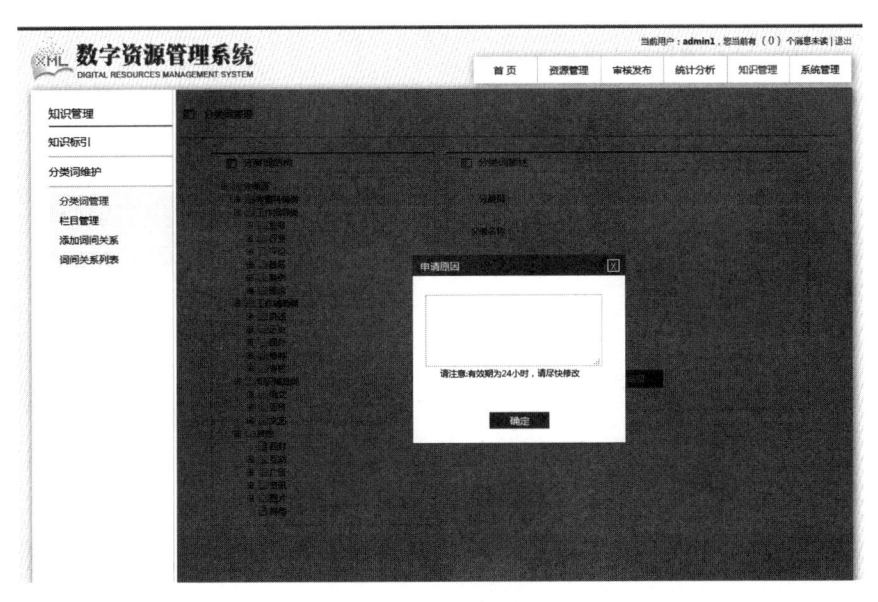

图7.14 提交申请后页面

分类词管理页面的左侧显示分类词结构,可为分类词添加节点和删除节点。右侧显示分类词描述的基本信息,如图7.15所示。

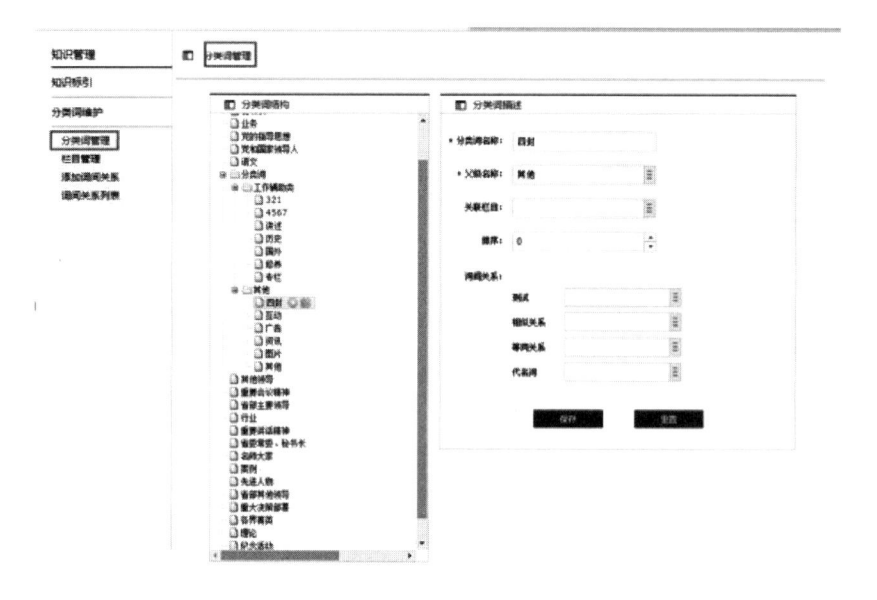

图7.15 分类词管理

单击"保存",完成对分类词的添加或编辑。

单击"重置",清除填写的数据。

7.9 栏目管理

栏目管理页面的左侧显示栏目结构,可为分类词添加节点和删除节点。右侧显示栏目描述的基本信息,如图7.16所示。

单击"保存",完成对栏目的添加或编辑。

单击"重置",清除填写的数据。

7.10 添加词间关系

添加词间关系页面的基本信息,如图7.17所示。

图 7.16　栏目管理页面

图 7.17　添加词间关系页面

单击"保存",完成词间关系的添加。

单击"重置",清除所填写的数据。

7.11　词间关系列表

添加后的词间关系词汇在词间关系列表中显示：序号、名称、排序号、创建日期。列表页面主要提供编辑和删除的功能。

1. 查询

用户可通过名称来查询到相应的词间关系的信息，如图7.18所示。

图7.18 查询相应的词间关系的信息页面

2. 列表项功能

对每一条词间关系信息用户可以对其进行编辑和删除操作，如图7.19所示。

图7.19 词间关系列表展示页面

用户使用删除操作时会弹出提示，用户选择删除时，数据将会被删除；取消操作，数据状态不变。单击"编辑"按钮页面跳转至编辑词间关系页面。

列表左下方有"批量删除"按钮，用户可根据自己的需求将列表的关系词选择性删除或全选后删除。

第8章 数字编辑技术技能

8.1 概述

编辑掌握技术不是为了承担技术责任,而是为了提高自身的工作层次。因此,对于大多数技术,编辑需要从宏观层面掌握其主要特点、适用范围、基本原理、发展趋势、使用成本等,帮助自己增强沟通水平、掌控项目实施、提高创新能力,完成运营维护。数字出版涉及的技术十分庞杂,作为编辑,应首先了解和掌握一些常用的技术,建立起技术知识的基本框架和基础,在实践中逐步拓展和提高。

8.2 技术架构

8.2.1 C/C++

8.2.1.1 语言概述

C语言是一种结构化计算机编程语言,是当今最流行的程序设计语言之一,它既有高级语言的特点,又有低级语言的许多特点。它具有表达能力强、层次清晰、使用灵活、可植入性强、效率高、易于调试和维护等特性。

C++是继C语言之后的又一种计算机编程语言,是一种静态数据类型检查的、支持多重编程规范的通用编程设计语言。C++同时支持所有C语言语法,支持过程化程序设计、面向对象程序设计、泛型程序设计等多种程序设计风格。C++具有可拓展性强、高效简洁、支持硬件开发、模块高独立性等优点。

8.2.1.2 基本语法

C程序由各种令牌组成，令牌可以是关键字、标识符、常量、字符串值，或者是一个符号。例如，下面的C语句包括五个令牌。

printf（"Hello，World! \n"）;

C程序中，分号是语句结束符。也就是说，每个语句必须以分号结束。它表明一个逻辑实体的结束。

注释就像是C程序中的帮助文本，它们会被编译器忽略。它们以 /* 开始，以 */ 终止。

标识符是用来标识变量、函数，或任何其他用户自定义项目的名称。一个标识符以字母A~Z或a~z或下划线_开始，后跟零个或多个字母、下划线和数字（0~9）。

标识符内不允许出现标点字符，如@、$和%。C语言是区分大小写的编程语言。因此，在C语言中，Manpower和manpower是两个不同的标识符。

表8.1列出了C语言中的关键字。这些关键字不能作为常量名、变量名或其他标识符名称。

表8.1 C语言中的关键字

auto	else	long	switch	break
enum	register	typedef	case	extern
return	union	char	float	short
unsigned	const	for	signed	void
continue	goto	sizeof	volatile	default
if	static	while	do	int
struct	_packed	double		

资料来源：http://www.runoob.com/cprogramming/c-tutorial.html。

8.2.2 Java

8.2.2.1 语言概述

Java语言是一种支持网络计算的面向对象程序设计语言,吸收了SmallTalk语言以及C++语言优点的同时,还摒弃了C++中难以理解的、很少使用的部分特性,如多继承、自动强制类型转换等。Java语言能够自动处理对象的引用和间接引用,自动收集无效单元,能够更好的对内存进行管理。除此之外Java语言还具有安全性、面向对象、动态性、平台独立与可移植性、健壮性、分布式等优点。

8.2.2.2 基本语法

一个Java程序可以认为是一系列对象的集合,而这些对象通过调用彼此的方法来协同工作。下面简要介绍下类、对象、方法和实例变量的概念。

(1) 对象。对象是类的一个实例,有状态和行为。例如,一条狗是一个对象,它的状态有颜色、名字、品种;行为有摇尾巴、叫、吃等。

(2) 类。类是一个模板,它描述一类对象的行为和状态。

(3) 方法。方法就是行为,一个类可以有很多方法。逻辑运算、数据修改以及所有动作都是在方法中完成的。

(4) 实例变量。每个对象都有独特的实例变量,对象的状态由这些实例变量的值决定。

编写Java程序时,应注意以下5点:

(1) 大小写敏感。Java是大小写敏感的,这就意味着标识符Hello与hello是不同的。

(2) 类名。对于所有的类来说,类名的首字母应该大写。如果类名由若干单词组成,那么每个单词的首字母应该大写,如 MyFirstJavaClass。

(3) 方法名。所有的方法名都应该以小写字母开头。如果方法名含有若干单词,则后面的每个单词首字母大写。

(4) 源文件名。源文件名必须和类名相同。当保存文件的时候,你应该使用类名作为文件名保存（切记Java是大小写敏感的），文件名的后缀为.java（如果文件名和类名不相同则会导致编译错误）。

（5）主方法入口。所有的Java程序由public static void main（String [] args）方法开始执行。

8.2.3　C#

8.2.3.1　语言概述

C#是微软公司开发的第一个面向组件的，运行于.NET FrameWork之上的高级程序设计语言，是.Net框架的代表语言。C#在继承了C家族强大功能的同时，去除了他们复杂的特性。因此C#具有快速应用开发、强大的Web服务器控件、支持跨平台等多种特性。

8.2.3.2　基本语法

一个C#程序主要包括以下部分：①命名空间声明（namespace declaration）；②声明（class）；③方法（class）；④属性（class）；⑤方法声明（main）；⑥语句（statements）和表达式（expressions）。

编写C#程序时，应注意以下4点：

（1）C#是大小写敏感的。

（2）所有的语句和表达式必须以分号（;）结尾。

（3）程序的执行从Main方法开始。

（4）与Java不同的是，文件名可以不同于类的名称。

8.2.4　PHP

8.2.4.1　语言概述

PHP是一种被广泛使用的开源脚本语言，包含了命令行执行接口（command line interface）以及产生图形用户界面（GUI）程式。主要用于处理动态网页。PHP独特的语法混合了C语言、Java、Perl以及其自创的语法，使其能够比 Perl 更迅速的执行动态网页。

8.2.4.2 基本语法

基本的 PHP 语法包含 5 项：

（1）PHP 脚本可以放在文档中的任何位置。

（2）PHP 脚本以 <?php 开始，以 ?> 结束。

（3）PHP 文件的默认文件扩展名是 .php。

（4）PHP 文件通常包含 html 标签和一些 PHP 脚本代码。

（5）PHP 中的每个代码行都必须以分号结束。分号是一种分隔符，用于把指令集区分开来。

8.3　移动应用开发

移动互联网不断催生新的产业形态，信息服务、移动社交、数字出版、移动商务等新的产业开始发展，电信服务和互联网服务逐步融合。随着用户数量不断增加，移动互联网不仅使人们的生活、生产发生了全新的变化，而且给经济、社会、文化都带来了深刻的影响。为此，如何在手机上催生各种多姿多彩的精彩应用，日渐成为整个 ICT 产业关注的焦点。

手机开发也称为移动开发，或移动化开发，是指以手机、PDA、UMPC 等便携终端为基础，进行相应的开发工作，由于这些随身设备基本都采用无线上网的方式，因此，业内也将手机开发称作为无线开发。

根据手机操作系统，大致可以将移动应用开发分为三类：IOS、Android、Windows Phone。

8.3.1　IOS

IOS 是由苹果公司开发的移动操作系统，具有软件与硬件整合度高、界面美观易操作、安全性强、应用数量多品质强等优点。

IOS 开发主流编程语言是 Object-C 及 Swift。

Objective-C 是扩充 C 的面向对象编程语言，主要使用于 Mac OSX 和 GNUstep 这两个使用 OpenStep 标准的系统，更是 NeXTSTEP 和 OpenStep 的基本语言。Objective-C 完全兼容标准 C 语言，完全支持面向对象编程，包括面向对象开发的 4 大支柱：封装、数据隐藏、继承、多态性。

Objective-C 语言程序包括各种令牌，令牌是一个关键字、一个标识符、常量、字符串文字或符号。例如，下面的语句由 Objective-C 的 6 个令牌组成：

NSLog（@"Hello，World!"）；

Objective-C 程序中，分号是语句终止，每一个单独的语句必须以分号结束。表示结束的一个逻辑实体。

注释就像 Objective-C 程序中的文本帮助，它们被编译器忽略，用/*和*/字符终止。

Objective-C 的标识符是用来标识变量，函数，或任何其他用户定义的项目名称。一个标识符开始以字母 A~Z 或 a~z 或下划线_后跟零个或多个字母，下划线和数字（0~9）。

Objective-C 中不允许标点符号如@、$、%以内标识符。Objective-C 语言是区分大小写的编程语言。

表 8.2 显示了一些 Objective-C 语言中的保留字。这些保留字不能用作常数或变数，或任何其他标识符名称。

Objective-C 中的空白是使用的术语来形容空格、制表符、换行符和注释，一行只含有空格，可能带有注释，被称为一个空行，Objective-C 编译器完全忽略。

Objective-C 不仅提供了其他面向对象编程语言中的抽象概念和运行机制，而且还是一种非常灵活的语言，这种动态性就是 Objective-C 的最大优势所在。这种动态性可以让应用在运行中（即"运行时"）判断其该有的行为，而不是在编译构建时就固定下来。因此，Objective-C 把应用程序从编译时、连接时的限制中解放出来，并在用户掌握控制权时，更多依赖于运行时的符号解析。Objective-C 的动态性来自动态类型、动态绑定、动态载入三个方面。

表8.2　Objective-C语言中的部分保留字

auto	else	long	switch
break	enum	register	typedef
case	extern	return	union
char	float	short	unsigned
const	for	signed	void
continue	goto	sizeof	volatile
default	if	static	while
do	int	struct	_Packed
double	protocol	interface	implementation
NSObject	NSInteger	NSNumber	CGFloat
property	nonatomic;	retain	strong
weak	unsafe_unretained;	readwrite	readonly

8.3.2　Android

Android是一种基于Linux的自由及开放源代码的操作系统，作为一款开放式的操作系统，随着Android的快速发展，如今已允许开发者使用多种编程语言来开发Android应用程序，而不再是以前只能使用Java开发Android应用程序的单一局面，因而受到众多开发者的欢迎，成为真正意义上的开放式操作系统。目前主流应用是使用Java语言开发，逻辑关系基本都是使用Java，只有在界面搭建上和与用户的一些交互方面有区别。相比于其他移动操作系统，Android操作系统具有以下5个特点。

（1）平台开放；

（2）逐渐挣脱运营商的束缚；

（3）丰富的硬件选择；

（4）开源系统；

（5）无缝结合的Google应用。

8.3.3 Windows Phone

Windows Phone（简称为WP）是微软手机操作系统，初始版本命名为Windows Phone 7.0。它拥有Start Screen开始屏幕，提供了磁贴（tile）定制化。基于Windows CE内核，采用了一种称为Metro的用户界面（UI），并将微软旗下的Xbox Live游戏、Xbox Music音乐与独特的视频体验集成至手机中。

目前其主流编程语言是C#、C++。

8.4 数据库

数据库（database，DB）是一个长期存储在计算机内的、有组织的、有共享的、统一管理的数据集合。它是一个按数据结构来存储和管理数据的计算机软件系统。数据库的概念实际包括两层意思：①数据库是一个实体，它是能够合理保管数据的"仓库"，用户在该"仓库"中存放要管理的事务数据，"数据"和"库"两个概念结合成为数据库。②数据库是数据管理的新方法和技术，它能更合适的组织数据、更方便的维护数据、更严密的控制数据和更有效的利用数据。

数据库的主要特点如下。

（1）实现数据共享。数据共享包含所有用户可同时存取数据库中的数据，也包括用户可以用各种方式通过接口使用数据库，并提供数据共享。

（2）减少数据的冗余度。同文件系统相比，由于数据库实现了数据共享，从而避免了用户各自建立应用文件。减少了大量重复数据，减少了数据冗余，维护了数据的一致性。

（3）数据的独立性。数据的独立性包括数据库中数据库的逻辑结构和应用程序相互独立，也包括数据物理结构的变化不影响数据的逻辑结构。

（4）数据实现集中控制。文件管理方式中，数据处于一种分散的状态，不同的用户或同一用户在不同处理中其文件之间毫无关系。利用数据库可对数据进行集中控制和管理，并通过数据模型表示各种数据的组织以及数据间的联系。

（5）数据一致性和可维护性，以确保数据的安全性和可靠性。数据库有很多种类型，从最简单的存储有各种数据的表格到能够进行海量数据存储的大型数据库系统都在各个方面得到了广泛的应用。根据数据之间的联系方式可以将数据库大致分为三类：层次型数据库、网络型数据库、关系型数据库。而目前使用较多的为关系型数据库，如 Oracle、Microsoft SQL Server、Microsoft Access、MySQL 等。

8.4.1　Oracle 数据库

Oracle 数据库是美国甲骨文公司提供的以分布式数据库为核心的一组软件产品，是目前最流行的客户/服务器（client/server）或 B/S 体系结构的数据库之一，是一种适用于大型、中型和微型计算机的关系数据库管理系统，它使用 SQL（structured query language）作为它的数据库语言。具有可移植性好、使用方便、功能强等优势，适用于各类大、中、小、微机环境。它是一种高效率、可靠性好的适应高吞吐量的数据库解决方案。

作为一个通用的数据库系统，它具有完整的数据管理功能：

（1）数据的大量性；

（2）数据的保存持久性；

（3）数据的共享性；

（4）数据的可靠性；

（5）作为一个关系数据库，它是一个完备关系的产品：

（6）信息准则——关系型 DBMS 的所有信息都应在逻辑上用一种方法，即表中的值显式表示；

（7）保证访问的准则；

（8）视图更新准则——只要形成视图的表中的数据变化了，相应的视图中的数据同时变化；

（9）数据物理性和逻辑性独立准则；

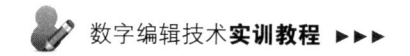

（10）作为分布式数据库，它实现了分布式处理功能。

Oracle数据库自第5版起就提供了分布式处理能力，到第7版就有比较完善的分布式数据库功能了，一个Oracle分布式数据库由Oracler DBMS、sql*Net、SQL*CONNECT和其他非Oracle的关系型产品构成。

8.4.2　Microsoft SQL Server

Microsoft SQL Server是Microsoft公司推出的关系型数据库管理系统。是一个可拓展的、高性能的、为分布式客户机/服务器计算所设计全面的数据库平台，使用集成的商业智能（BI）工具提供了企业级的数据管理。Microsoft SQL Server数据库引擎为关系型数据和结构化数据提供了更安全可靠的存储功能，使用户可以构建和管理用于业务的高可用和高性能的数据应用程序。并且Microsoft SQL Server实现了与WindowsNT的有机结合，提供了基于事务的企业级信息管理系统方案。

Microsoft SQL Server具有如下特性：

（1）高性能设计，可充分利用WindowsNT的优势；

（2）系统管理先进，支持Windows图形化管理工具，支持本地和远程的系统管理和配置；

（3）强壮的事务处理功能，采用各种方法保证数据的完整性；

（4）支持对称多处理器结构、存储过程、ODBC，并具有自主的SQL语言；

（5）支持XML（extensive markup language，扩展标记语言）；

（6）强大的基于Web的分析；

（7）支持OLE DB和多种查询；

（8）支持分布式的分区视图；

8.4.3　MySQL

MySQL是瑞典MySQL AB公司开发一种开放源代码的关系型数据库管理系统（RDBMS），与其他的大型数据库（如Oracle、DB2、SQL Server等）相比，MySQL自有它的不足之处，如规模小、功能有限（MySQL Cluster的功能和效率都相对比较差）等，但是这丝毫也没有减少它受欢迎的程度。对于一般的个人使用者和中小型企业来说，MySQL提供的功能已经绰绰有余，而且由于MySQL是开放源码软件，因此可以大大降低总体拥有成本。

MySQL具有如下系统特性：

（1）使用C和C++编写，并使用了多种编译器进行测试，保证了源代码的可移植性。

（2）支持AIX、FreeBSD、HP-UX、Linux、Mac OS、NovellNetware、OpenBSD、OS/2 Wrap、Solaris、Windows等多种操作系统。

（3）为多种编程语言提供了API。这些编程语言包括C、C++、Python、Java、Perl、PHP、Eiffel、Ruby、.NET和Tcl等。

（4）支持多线程，充分利用CPU资源。

（5）优化的SQL查询算法，有效地提高查询速度。

（6）既能够作为一个单独的应用程序应用在客户端服务器网络环境中，也能够作为一个库而嵌入其他的软件中。

（7）提供多语言支持，常见的编码（如中文的GB 2312、BIG5，日文的Shift_JIS等）都可以用作数据表名和数据列名。

（8）提供TCP/IP、ODBC和JDBC等多种数据库连接途径。

（9）提供用于管理、检查、优化数据库操作的管理工具。

（10）支持大型的数据库。可以处理拥有上千万条记录的大型数据库。

（11）支持多种存储引擎。

（12）MySQL是开源的，所以用户不需要支付额外的费用。

（13）MySQL使用标准的SQL数据语言形式。

（14）MySQL对PHP有很好的支持，PHP是目前最流行的Web开发语言。

（15）MySQL是可以定制的，采用了GPL协议，用户可以修改源码来开发自己的MySQL系统。

8.5 网页制作

8.5.1 HTML基础

HTML是HyperText Markup Language的缩写，超文本标记语言。

1.HTML的作用

请先确认系统中文件扩展名已经打开。方法是：打开"我的电脑"，单击"文件夹选项"，打开文件夹选项对话框，确保"隐藏已知文件的扩展名"前面的小勾已经去掉，如果没有去掉，请把小勾去掉。

首先利用记事本保存了一个标题和两段描述。然后修改纯文本文件的扩展名为.html，然后利用浏览器打开，如图8.1和图8.2所示。

图8.1 打开系统中文件扩展名

图8.2 修改纯文本文件的扩展名并用浏览器打开

打开之后如果发现显示的格式不对，是因为在纯文本文件中所有文字都是同级别的，浏览器不知道哪些文字代表什么意思，也就是浏览器不知道哪些文字是标题，哪些文字是段落。所以导致了显示的格式不正确。

正是因为如此，HTML应用而生。HTML就只有一个作用，它是专门用来描述文本的语义的，也就是说我们可以利用HTML来告诉浏览器哪些是标题，哪些是段落，如图8.3和图8.4所示。

图8.3 修改系统的文件的扩展名为html

图8.4 利用浏览器打开超文本

这些用来描述其他文本语义的文本，称为标签，并且这些用于描述其他文本语义的标签将来在浏览器中是不会被显示出来的。

因为HTML的这些标签是专门用来描述其他文本语义的，并且在浏览器中是不会被显示出来，所以称这些文本为"超文本"，而这些文本又叫做"标签"，所以HTML被称为"超文本标记语言"。

2.注意事项

虽然我们利用<h1>描述一段文本之后，这段文本在浏览器中显示出来会被放大和加粗，看上去我们是利用HTML的标签修改了被描述的那段文本的样式，但是一定要记住，HTML的作用只有一个，它是专门用来给文本添加语义的，而不是用来修改文本的样式的。

8.5.2 网页基本结构

编写网页的步骤：

（1）新建一个文本文档；

（2）利用记事本打开；

（3）编写HTML代码；

（4）保存并且修改纯文本文档的扩展名为.html；

（5）利用浏览器打开编写好的文件。

HTML文档的编写方法如下。

（1）手工直接编写：记事本等，存成.htm或.html格式。

（2）使用可视化HTML编辑器：Dreamweaver、Sublime等。

（3）由web服务器（或称http服务器）一方实时动态地生成。

网页文件命名原则如下：

（1）*.htm或*.html；

（2）无空格；

（3）无特殊符号，只可以有下划线"_"，只可以为英文、数字；

（4）区分大小写；

（5）首页文件名默认为：index.htm或index.html。

HTML基本标签见表8.3。

表8.3　HTML基本标签

标　签	描　述
\<html>	定义HTML文档
\<head>	定义文档的头部
\<title>	定义网页标题
\<body>	定义文档的主体
\<ht>to\<h6>	定义HTML标题
\<p>	定义HML段落
\<l-->	定义注释

HTML基本结构如图8.5所示。

HTML基本结构中的所有标签都是成对出现的，这些成对出现的标签中有一个带/有一个不带/，那么这些不带/的标签我们称之为开始标签，这些带/的标签我们称之为结束标签。

1.HTML标签

HTML标签的作用：告诉浏览器这是一个网页，也就是说告诉浏览器这是一个HTML文档。注意：其他所有的标签都必须写在HML标签里面，也就是写在HTML开始标签和结束标签中间。

```
Web页的结构
■ HTML 必须包含的基本结构标签：
    ● HTML标签：<html>    </html>
    ● 头标签：       <head>    </head>
    ● 标题标签：    <title>      </title>
    ● 正文标签：    <body>   </body>
■ 三大结构：
    <html>
        <head>
                    <title>
                    网页标题
                    </title>
        </head>
        <body>
            正文
        </body>
    </html>
```

图8.5　HTML基本结构

2.head标签

　　head标签的作用：用于给网站添加一些配置信息。例如：指定网站的标题/指定网站的小图片；添加网站的相关信息（指定网站的关键字/指定网站的描述信息）；外挂一些外部的css/js文件；添加一些浏览器适配的相关内容。注意：一般情况下，写在head标签内的内容都不会显示给用户查看，也就是一般情况下写在head标签内的内容用户都看不到，如图8.6所示。

图8.6　用户无法看到写在head标签内的内容

3.title 标签

title 标签的作用为专门用于指定网站的标题,并且这个指定的标题将来还会作为用户保存网站的默认标题。

title 标签:必须写在 head 标签里面。

4.meta 标签

head 内部标签 meta 标签的作用:指定当前网页的字符集。

有时会出现乱码现象:这是因为我们在编写网页的时候没有指定字符集。

在 head 标签中添加<meta charset="utf-8">指定字符集即可解乱码现象。

在网页中我们常见的字符集有两个——GBK/UTF-8。

两者的区别如下:GBK(GB2321)里面存储的字符比较少,仅仅存储了汉字和一些常用外文,体积比较小;UTF-8 里面存储了世界上所有的文字,体积比较大。

在企业中应该使用 GBK(GB2321)还是 UTF-8?

(1)如果网站仅仅包含中文,推荐使用 GBK(GB2321),因为它的体积更小,访问速度更快。

(2)如果网站除了中文外,还包含了一些其他国家的语言,那么推荐使用 UTF-8。

(3)懒人推荐:不管三七二十一,一律使用 UTF-8。

注意:

(1)在 HTML 文件中指定的字符集必须和保存这个文件的字符集一致,否则还是会出现乱码。

(2)仅仅指定字符集不一定能解决乱码问题,还需要保存文件的时候,文件的保存格必须和指定的字符集一致才能保证没有乱码问题,如图8.7所示。

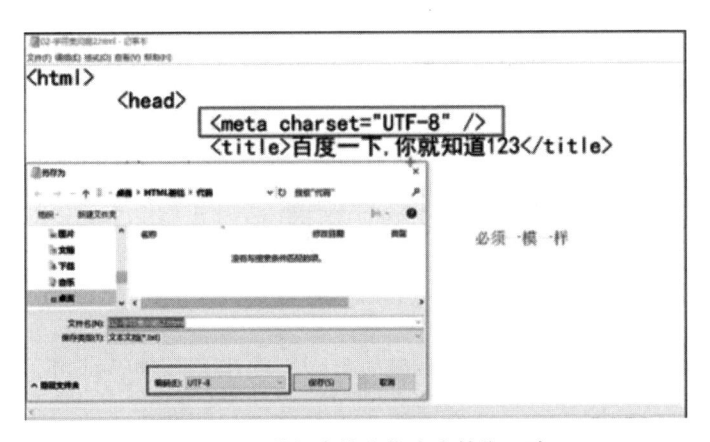

图8.7　文件保存格和指定字符集一致

5.body标签

body标签的作用为专门用于定义HTML文档中需要显示给用户查看的内容（文字/图片/音频/视频）。

虽然有时候可能将内容写到了别的地方在网页中也能看到，但是千万不要这么做，一定要将需要显示的内容写在body中。

一对HTML标签中（一个HTML开始标签和一个HTML结束标签），只能有一对body标签，如图8.8所示。

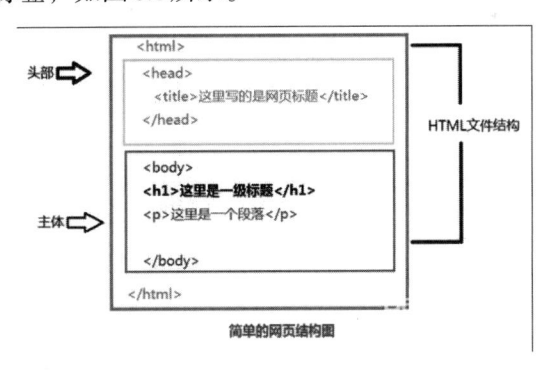

图8.8　一对HTML标签中只能有一对body标签

如图8.9所示，整体的最外层标签是<html>和</html>，头部是<head>和</head>标签。在<head>标签中，又可以写<title>（标题）等标签。而<head>标签内的内容一般是不会显示在浏览器窗口中的。显示在浏览器窗口给用户看的内容，都在<body></body>标签里。

201

图8.9 <head>标签内的内容不显示在浏览器窗口中

8.5.3 注意事项

本书介绍的就是零基础编写最简单网页的步骤，通过练习，就可以写出一个最简单的网页了，当然要想写出复杂漂亮的网页，还得学习更多的标签代码，还要用到 photoshop 等图片处理工具，来为网站制作漂亮的效果和图片。

8.6 HTML5

8.6.1 概述

HTML5 草案的前身名为 Web Applications 1.0，于 2004 年由 WHATWG 提出，于 2007 年被 W3C 接纳，并成立了新的 HTML 工作团队。

2014 年 10 月 29 日，经过几乎 8 年的艰辛努力，HTML5 标准规范终于最终制定完成了，并已公开发布。

在此之前的几年时间里，Firefox、Google Chrome、Opera、Safari 4+、Internet Explorer 9+ 都已陆续支持 HTML5。HTML5 将会取代 1999 年制定的 HTML 4.01、XHTML 1.0 标准，以期能在互联网应用迅速发展的时候，使网络标准达到符合当代的网络需求，为桌面和移动平台带来无缝衔接的丰富内容。

较 HTML4，HTML5 增加了新特性、新标签、新样式等各种自定义动画、3D 绚丽效果，提供了照相机、录音、网络监控、电池电量信息等接口，并且新增的 css3 动画效果替代了 flash 动画，节省了大量资源和流量。

HTML5 为标签赋予了含义，如<nav>（导航）和<footer>（页脚），这种标签将有利于搜索引擎的索引整理和小屏幕装置的使用，同时为其他浏览要素提供了新的功能，通过一个标准接口，如 <audio> 和 <video> 标记。

8.6.2 新增标签及功能

（1）<article></article>。<article>标签定义外部的内容。例如，来自一个外部的新闻提供者的一篇新的文章，或者来自 blog 的文本，或者是来自论坛的文本，亦或是来自其他外部源内容。

（2）<aside></aside>。<aside>标签定义 article 以外的内容。aside 的内容应该与 article 的内容相关。

（3）<audio src="someaudio.mp4"></audio>。<audio>标签定义声音，如音乐或其他音频流。

（4）<canvas></canvas>。<canvas>标签定义图形，如图表和其他图像。这个 HTML 元素是为了客户端矢量图形而设计的。它自己没有行为，但却把一个绘图 API 展现给客户端 JavaScript，以使脚本能够把想绘制的东西都绘制到一块画布上。

（5）<command>。<command>标签定义命令按钮，如单选按钮、复选框或按钮。

（6）<datalist></datalist>。<datalist>标签定义可选数据的列表。它与 input 元素配合使用，就可以制作出输入值的下拉列表。

（7）<details></details>。<details>标签定义元素的细节，用户可查看，或通过单击进行隐藏。它与 <legend> 一起使用，来制作 detail 的标题。该标题对用户是可见的，单击该标题可打开或关闭 detail。

（8）<embed src="horse.wav" />。<embed> 标签定义嵌入的内容，如插件。

（9）<figure><figcaption>PRC</figcaption></figure>。<figcaption> 标签定义 figure 元素的标题。figcaption 元素应该被置于 figure 元素的第一个或最后一个子元素的位置。例如：

<figure><figcaption>PRC</figcaption><p>The People's Republic of China was born in 1949...</p></figure>

<figure> 标签用于对元素进行组合。使用 <figcaption> 元素为元素组添加标题。

（10）<footer></footer>。<footer> 标签定义 section 或 document 的页脚。典型地，它会包含创作者的姓名、文档的创作日期以及/或者联系信息，如图 8.10 所示。

图 8.10　<footer> 标签定义页脚

（11）<header></header>。<header> 标签定义 section 或 document 的页眉，如图 8.11 所示。

图 8.11　<header> 标签定义页眉

（12）<hgroup></hgroup>。<hgroup>标签用于对网页或区段（section）的标题进行组合。

（13）<keygen>。<keygen>标签定义生成密钥。

（14）<mark></mark>。<mark>主要用来在视觉上向用户呈现那些需要突出的文字。<mark>标签的一个比较典型的应用就是在搜索结果中向用户高亮显示搜索关键词。

（15）<meter></meter>。<meter>标签定义度量衡。仅用于已知最大和最小值的度量。必须定义度量的范围，既可以在元素的文本中，也可以在min/max属性中定义。

（16）<nav></nav>。<nav>标签定义导航链接的部分，如图8.12所示。

图8.12　<nav>标签定义导航链接

（17）<output></output>。<output>标签定义不同类型的输出，如脚本的输出。

（18）<progress></progress>。<progress>标签运行中的进程。可以使用<progress>标签来显示JavaScript中耗费时间的函数的进程。

（19）<section></section>。<section>标签定义文档中的节（section、区段），如章节、页眉、页脚或文档中的其他部分。

（20）<source>。<source>标签为媒介元素（如<video>和<audio>）定义媒介资源。

（21）<details><summary>HTML 5</summary>This document teaches you everything you have to learn about HTML 5.</details>。<summary>标签包含 details 元素的标题，details 元素用于描述有关文档或文档片段的详细信息。summary 元素应该是 details 元素的第一个子元素。

（22）<time></time>。<time>标签定义日期或时间，或者两者。

（23）<video ></video>。<video>标签定义视频，如电影片段或其他视频流，如图8.13所示。

图8.13　<video>标签定义视频

8.7　网页制作软件Dreamweaver

8.7.1　概述

Adobe Dreamweaver，简称DW，是美国MACROMEDIA公司（后被Adobe公司收购）开发的集网页制作和管理网站于一身的所见即所得网页编辑器，DW是第一套针对专业网页设计师特别发展的视觉化网页开发工具，利用它可以轻而易举地制作出跨越平台限制和跨越浏览器限制的充满动感的网页。

8.7.2 具体功能

利用Adobe Dreamweaver CS6软件中改善的FTP性能，可更高效地传输大型文件。更新的"实时视图"和"多屏幕预览"面板可呈现HTML5代码，使用户能检查自己的工作。

（1）自适应网格。可响应的自适应网格版面，使用响应迅速的CSS3自适应网格版面，来创建跨平台和跨浏览器的兼容网页设计。

（2）增强型JQuery移动支持。使用更新的jQuery移动框架支持为iOS和Android平台建立本地应用程序。建立触及移动受众的应用程序，同时简化您的移动开发工作流程。

（3）改善FTP性能。用重新改良的多线程FTP传输工具节省上传大型文件的时间。更快速高效地上传网站文件，缩短制作时间。

（4）CSS3转换。将CSS属性变化制成动画转换效果，使网页设计栩栩如生。在处理网页元素和创建优美效果时保持对网页设计的精准控制。

（5）CSS3/HTML5支持。通过CSS面板设置样式，该面板经过更新可支持新的CSS3规则。设计视图现支持媒体查询，在调整屏幕尺寸的同时可应用不同的样式。使用HTML5进行前瞻性的编码，同时提供代码提示和设计视图渲染支持。

（6）JQuery集成。借助jQuery代码提示加入高级交互性。jQuery是行业标准JavaScript库，允许您为网页轻松加入各种交互性。借助针对手机的起动模板快速启动。

（7）支持领先技术。在支持大多数领先Web开发技术的工具中进行设计和编码，这些技术包括HTML、XHTML、CSS、XML、JavaScript、Ajax、PHP、AdobeColdFusion软件和ASP。

8.7.3 制作简单页面的具体操作

8.7.3.1 创建站点

（1）打开Dreamweaver，单击"新建站点"，如图8.14所示。

图8.14 单击"新建站点"

（2）输入站点名称，如图8.15所示。

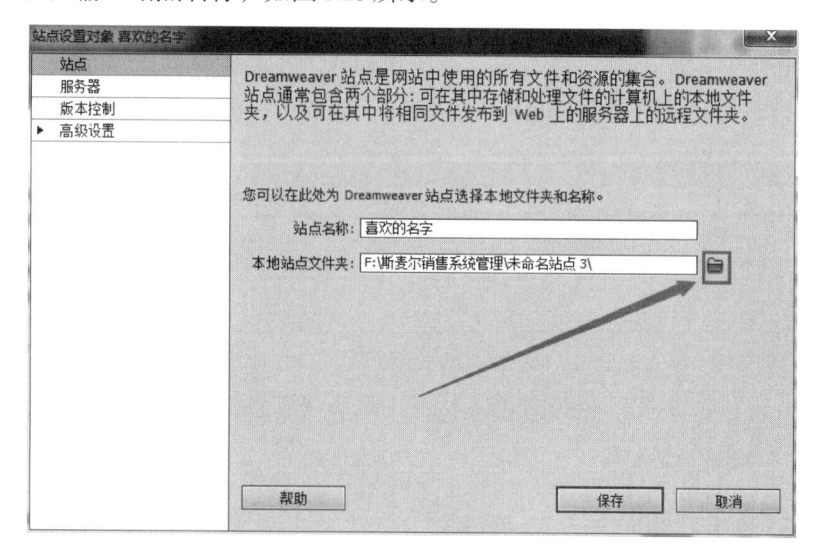

图8.15 输入站点名称

（3）单击文件夹图标选择站点存放地址，选择完毕之后单击"选择"，如图8.16所示。

图8.16　选择站点存放地址

这样，一个站点就创建好了，然后就可以创建页面了。

8.7.3.2　创建页面

右击站点"新建文件"并命名，再双击"打开文件"，如图8.17所示。

图8.17　创建页面

8.7.3.3　开始编辑

Dreamweaver包括两种视图：开发人员使用的代码视图和新手使用的设

计视图，如图8.18和图8.19所示。

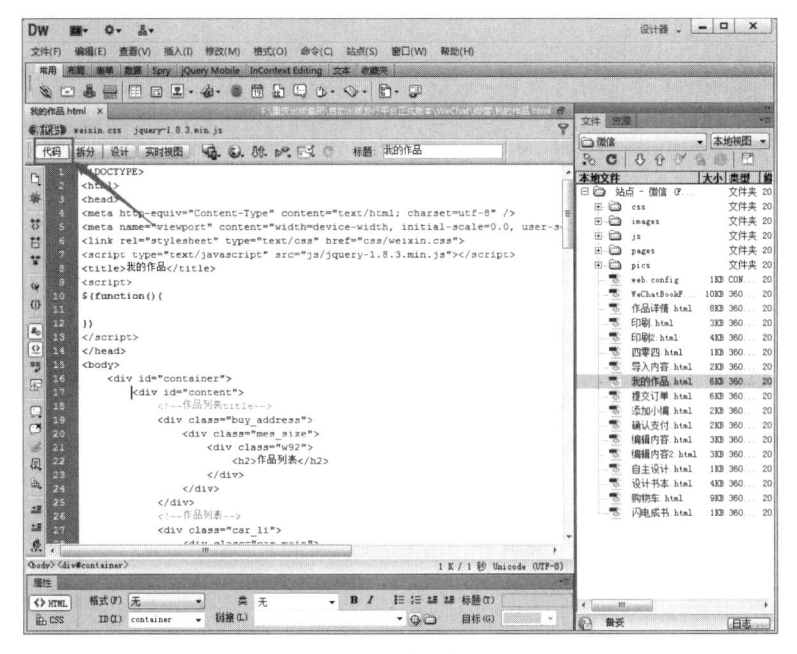

图8.18 代码视图

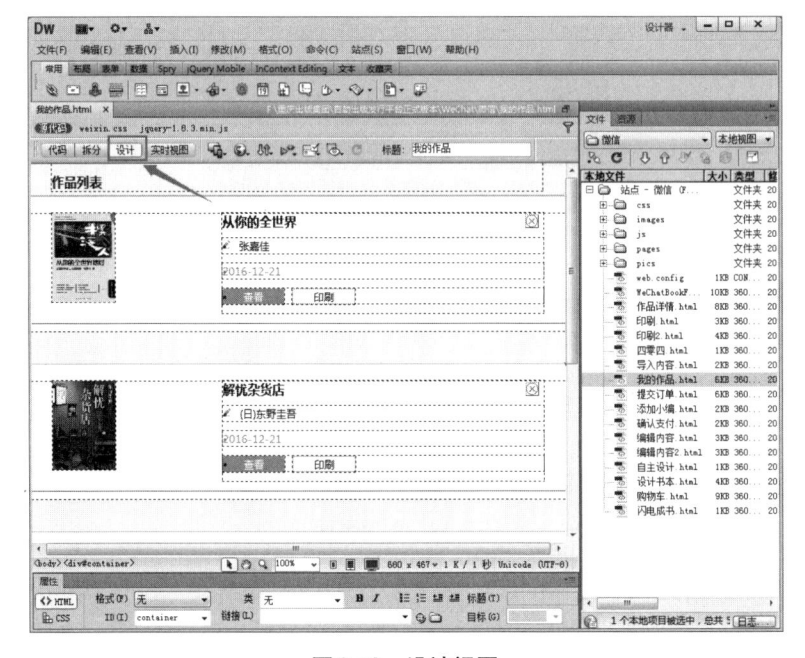

图8.19 设计视图

代码视图全部由代码组成，设计视图则是生动的图像，与在网页中呈现的效果一样。

8.8 视频编辑软件 Premiere

8.8.1 概述

Adobe Premiere 是一款常用的视频编辑软件，由 Adobe 公司推出。现在常用的有 CS4、CS5、CS6、CC、CC 2014、CC 2015 以及 CC 2017 版本，是一款编辑画面质量比较好的软件，有较好的兼容性，且可以与 Adobe 公司推出的其他软件相互协作。目前这款软件广泛应用于广告制作和电视节目制作中。

8.8.2 具体功能

Adobe Premiere 是视频爱好者和专业人士准备的必不可少的工具。它可以提升用户的创作能力和创作自由度，是易学、高效、精确的视频剪辑软件。Adobe Premiere 提供了采集、剪辑、调色、美化音频、字幕添加、输出、DVD 刻录的一整套流程，并和其他 Adobe 软件高效集成，使用户足以完成在制作、工作流上遇到的所有挑战，满足创建高质量作品的要求。

8.8.3 具体操作

8.8.3.1 基本操作界面

Adobe Premiere 的默认操作界面主要分为素材框、监视器调板、效果调板、时间线调板和工具箱 5 个主要部分，在效果调板的位置，通过选择不同的选项卡，可以显示信息调板和历史调板，如图 8.20 所示。

8.8.3.2 新建项目

双击打开 Adobe Premiere 程序，使其开始运行，弹出开始画面。

在开始界面中，如果最近有使用并创建了 Adobe Premiere 的项目工程，会在"最近使用的项目"下,实现出来,只要单击即可进入。要打开之前已经存在的项目工程,单击"打开项目",然后选择相应的工程即可打开。要新建一个项目,则单击"新建项目",进入下面的配置项目的画面,如图8.21和图8.22所示。

图8.20 效果调板

图8.21 新建项目

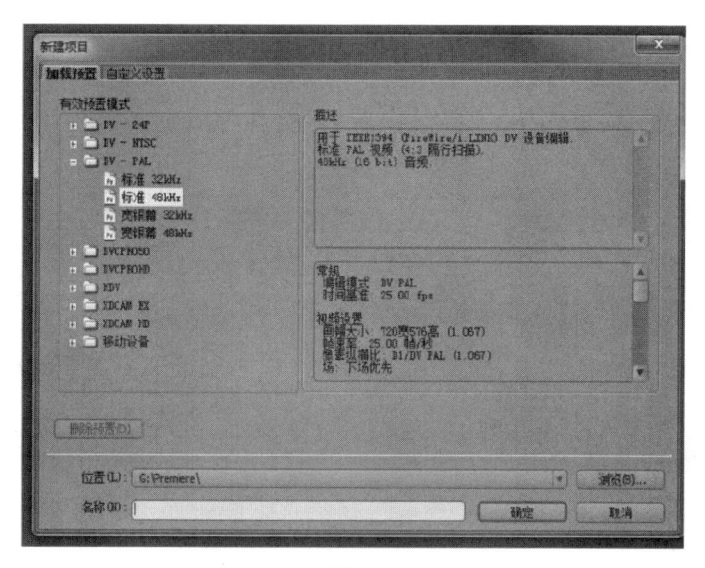

图8.22 配置项目的画面

用户可以配置项目的各项设置，使其符合需要，一般来说，用户大都选择的是"DV-PAL 标准 48kHz"的预置模式来创建项目工程。在这个界面下，用户可以修改项目文件的保存位置，选择好自己的保存地点之后，在名称栏里打上工程的名字，为了方便理解和教学，新建一个"新闻周报-JTV"的项目，单击"确定"，就完成了项目的创建，如图 8.23 所示。

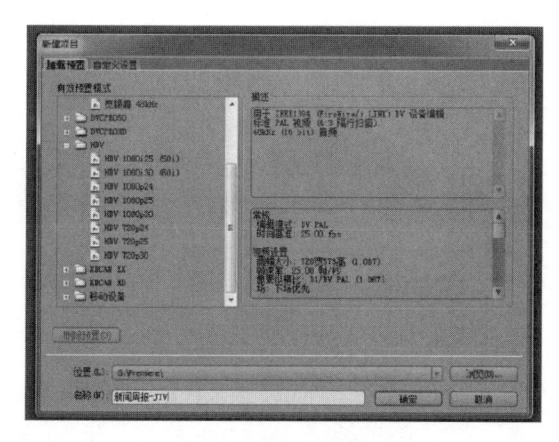

图8.23 完成项目的创建

单击"确定"之后，程序会自动进入下面的编辑界面，如图 8.24 所示。

213

图8.24　编辑界面

8.8.3.3　新建序列

在进入Adobe Premiere的编辑界面之后，可以发现，Adobe Premiere自动生成了"序列01"的时间线。可以直接向这个时间线里导入素材进行编辑，也可以通过选择"文件""新建""序列"来新建一个时间线，如图8.25所示。

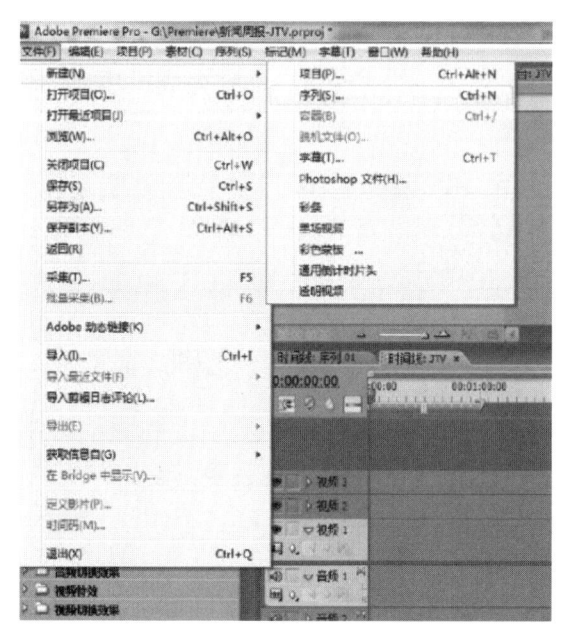

图8.25　新建一个时间线

可以设置新建的时间线的视频轨道的数量、各种类型音频轨道的数量，如图 8.26 所示。

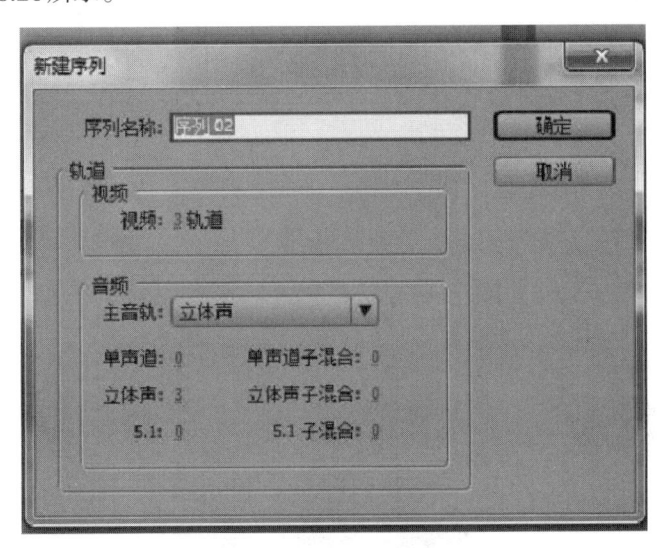

图 8.26　设置新建的时间线

用户也可新建一个 JTV 的序列，如图 8.27 所示。

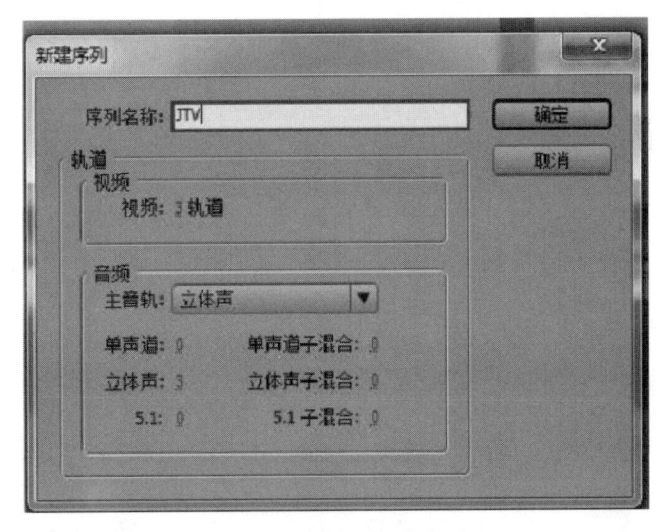

图 8.27　新建 JTV 的序列

8.8.3.4　导入素材

在编辑界面下，选择"文件—导入"，如图 8.28 所示。

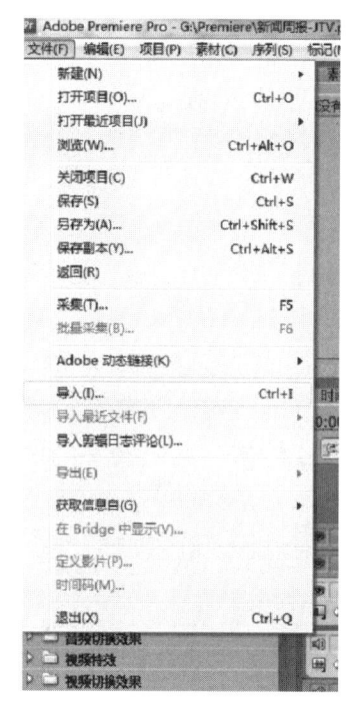

图8.28 选择"文件—导入"

在这里选择"JTV-运动会",如图8.29所示。

图8.29 选择"JTV-运动会"

单击"打开",等待一段时间之后,在素材框里可看见一个"JTV-运动会"的文件出现,如图 8.30 所示。

图 8.30 素材框里出现"JTV-运动会"文件

8.8.3.5 视频的简单编辑

用鼠标将素材框中需要编辑的素材拖动到时间线上,单击素材,在右侧监视器可以预览到视频导出后的效果,如果视频不符合窗口的大小,可以通过之后在图片特效中介绍的方法进行调整。如果素材在时间线上显得特别短,可以通过选择缩放工具,对准时间线,单击,将素材放大,如图 8.31 所示。

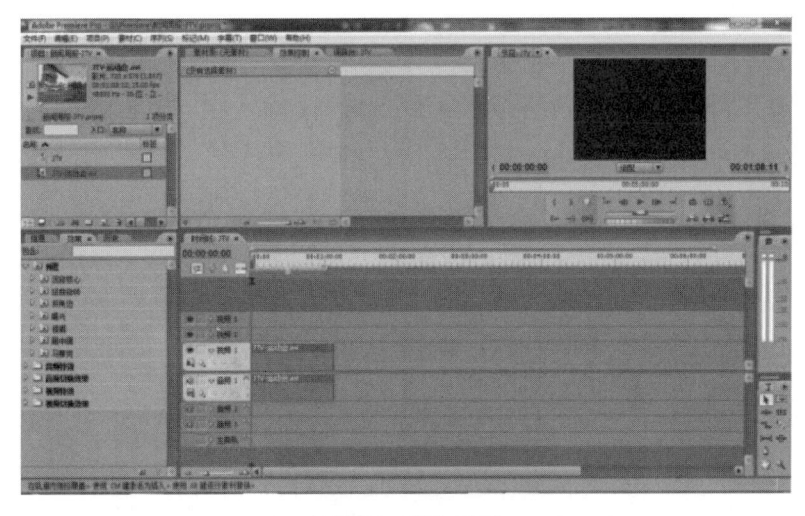

图 8.31 放大素材

选择剃刀工具，对准素材需要分开的部分，按下鼠标，素材会被剪开，成为两个独立片段，如图8.32所示。

图8.32　素材成为两个独立片段

8.8.3.6　简单的视频特效

Adobe Premiere 提供了非常多的视频特效和视频的切换特效，一般来说，作为新闻的编辑，视频特效使用不是很经常，这里主要介绍一下视频的切换特效。在编辑界面左下的效果调板中，点开"视频切换特效"，如图8.33所示。

图8.33　点开"视频切换特效"

选择其中的一个文件夹，如叠化，再选中文件夹下的叠化，如图 8.34 所示。

图 8.34　叠化

拖动到两段素材之间，就完成了特效的添加，如图 8.35 所示。

图 8.35　完成特效添加

8.8.3.7　视频的渲染和导出

在视频编辑完成之后，用户可以直接通过右侧监视器上的播放键进行整体视频的预览，但是由于电脑性能所限，往往预览的时候都非常卡，这时用户要进行视频的渲染。选择"序列—渲染工作区"，如图 8.36 和图 8.37 所示。

图8.36 选择"序列—渲染工作区"

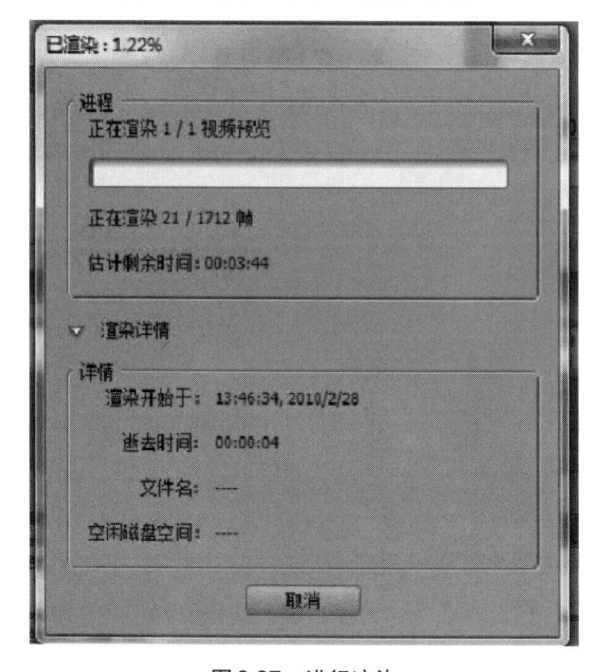

图8.37 进行渲染

当文件渲染完成之后，在时间线上出现了一条绿线，当时间线上都是绿线时，视频就可以顺畅地预览了，如图8.38所示。

图8.38 视频预览

视频预览完成之后，如果没有什么问题就可以开始导出了。选择"文件—导出"，如图8.39所示。

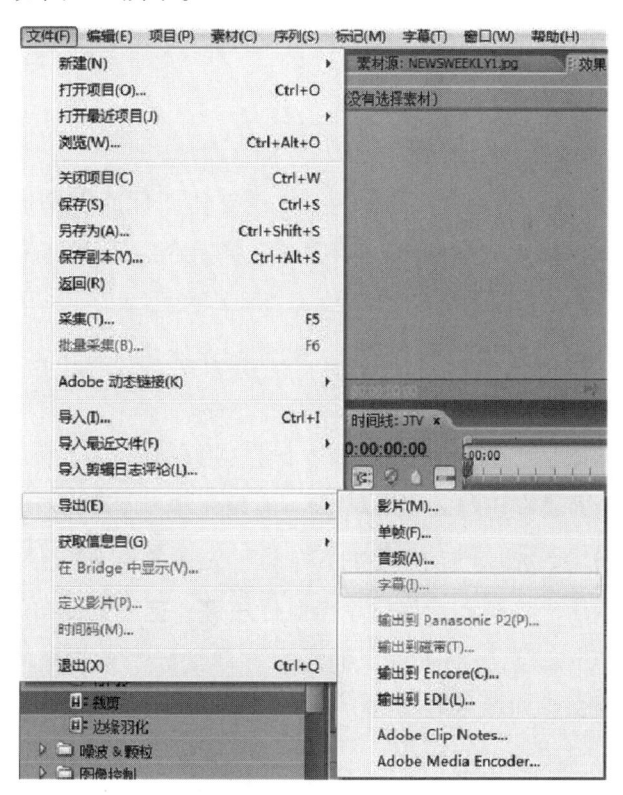

图8.39 导出文件

8.9 三维动画软件3Dmax

8.9.1 概述

3D Studio Max，常简称为3D Max或3Ds Max，是Discreet公司开发的基于PC系统的三维动画渲染和制作软件。其前身是基于DOS操作系统的3D Studio系列软件。在Windows NT出现以前，工业级的CG制作被SGI图形工作站所垄断。3D Studio Max + Windows NT组合的出现一下子降低了CG制作的门槛，首先开始运用在电脑游戏中的动画制作，后更进一步开始参与影视片的特效制作。在Discreet 3Ds Max 7后，正式更名为Autodesk 3Ds Max，最新版本是3Ds Max 2017。

8.9.2 简单操作

启动3D Max双击桌面上的3Ds Max立方体图标或者单击"开始"—"程序"，在程序菜单中找到discreet菜单选择3D Max再选择3D Max立方体图标。

启动3D Max后会出现一个窗口，物体制作就在这个窗口中，如图8.40所示。

3D Max动画基础：所谓3D是指一个立体的三维空间物体，这个物体至少能看到两个面，在3D Max中的对象一般是先在视图中进行创建，然后再在命令面板中修改完成的。创建的方法是：先在命令面板上选择要创建的物体，然后选择一个视图，然后单击鼠标左键、拖动鼠标向斜下画方框或圆圈，松开鼠标，然后向上（或向下）移动鼠标、单击鼠标确定完成创建，在没有确定之前单击右键可以取消创建，在确定之后单击右键可以回到选择状态。

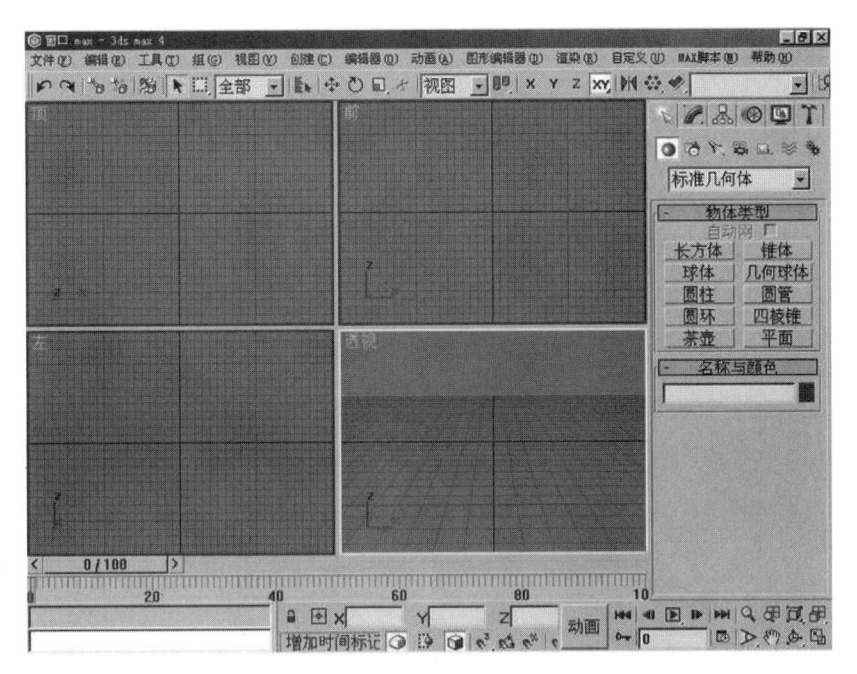

图8.40 启动3D Max窗口

下面看一个例子：

启动3D Max，等到右下角的视图控制区完全显示即启动成功，这时窗口会显示四个视图：顶视、前视、左视、透视图，作图要在前三个平面视图中进行，透视图只是用来观察分析对象。

观察图8.41，这是一个砖块，在3D Max中是怎样绘制出来的呢？

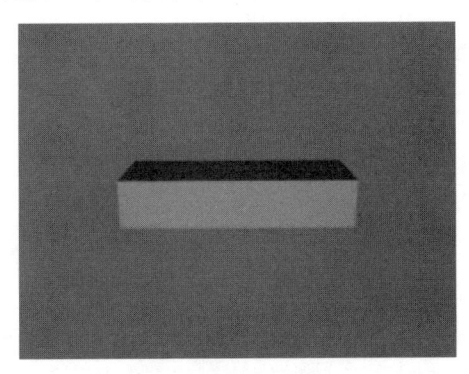

图8.41 目标绘制图片

先进行创建，单击右边命令面板上的"长方体"按钮，再在视图区的前

223

视图的"前"上单击一下（本书中双引号均代表一个命令），从而选择了前视图，此时前视图的边缘有一个黄边，在视图粗黑线十字中心左上边单击鼠标，拖动鼠标、向右下画框，再松开向上推、画厚度，单击鼠标左键确定，这时就画好一个长方体，但是还不像砖块，下面来进行修改，如图8.42所示。

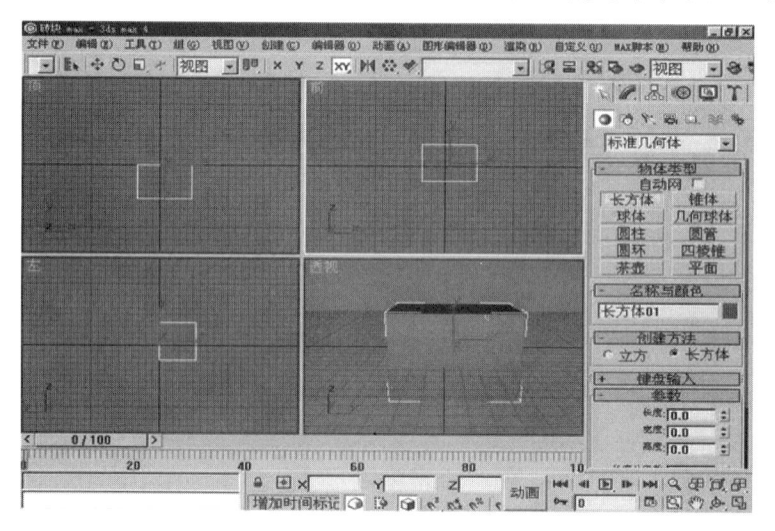

图8.42 修改界面

完成后在图像窗口的工具栏上单击"磁盘"标志的保存按钮，在弹出的保存对话框中找到自己的文件夹，输入文件名"砖块"，保存类型中选择"JPEG File"，单击"保存"确定，再单击"OK"确定压缩存储，即可将文件保存为JPEG压缩格式图片，如图8.43所示。

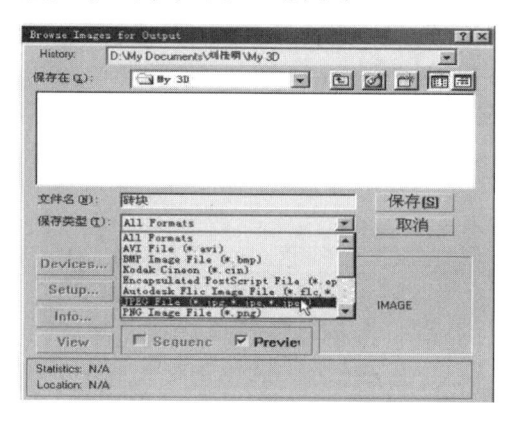

图8.43 将文件保存为JPEG格式

8.10 Adobe Photoshop

Adobe PhotoShop（PS）是一款图像处理软件。它是由 Adobe 公司于20世纪80年代末期推出，专门用于图形图像处理的软件。它的功能强大、集成度高，并且适用面广、操作简便。

它不仅提供了强大的绘图工具，可以绘制艺术图形，还能从扫描仪、数码相机等设备采集图像，对它们进行修改、修复，调整图像的色彩、亮度，改变图像的大小，还可以对多幅图像进行合并增加特殊效果。

作为目前最流行的图像设计与制作工具，它不仅能够真实地反映现实世界，而且能够创造出虚幻的景物，还可以创建成百上千种特效文字，根据自己的思想制作几十种纹理效果。

学会并灵活运用PS，每个人都可能成为图形图像方面的专家，使创作的作品达到专业水平。

8.10.1 图层功能

PS支持多图层工作方式，可以对图层进行合并、合成、翻转、复制和移动等操作，PS的特效也都可以用在图层的上面。

此外图层还可以进行像素的色相、渐变和透明度等属性的调整。用户还可以将图像从一个图层复制到另一个图层之中。

8.10.2 绘画功能

用户可以使用喷枪工具、画笔工具、铅笔工具、直线工具来绘制图形，此外还使用文字工具来在图像之中添加文本。

8.10.3 选取功能

矩形选区工具和椭圆选区工具可以选择一个或多个不同大小或不同形状的范围。

套索工具可以选取不规则形状的图形。

魔术棒工具可以根据颜色范围自动选取所需部分。色调和色彩功能：对图像进行色彩色调的调整。图像的旋转和变形功能：可以将图像进行翻转和旋转，还可以将图像进行拉伸、倾斜和自由变形等处理。

8.10.4 颜色模式

PS具有多种的颜色模式，包括黑白、灰度、双色调、索引色、HSB、Lab、RGB和CMYK等模式。其中最主要的是CMYK和RGB模式。

8.11 音频编辑软件Adobe Audition

Adobe Audition是Adobe公司开发的一款功能强大、效果出色的多轨录音和音频处理，专业音频编辑和混合环境软件。它是一个非常出色的数字音乐编辑器和MP3制作软件。不少人把它形容为音频"绘画"程序。原名为Cool Edit Pro，被Adobe公司收购后，改名为Adobe Audition。